Umschlagmotiv: Die Grand' Place

Herausgeber: Polyglott-Redaktion
Autor: Ferdinand Dupuis-Panther
Lektorat: Ortrun Egelkraut
Bildredaktion: Nicole Häusler
Art Direction: Illustration & Graphik Forster GmbH, Hamburg
Karten und Pläne: Cordula Mann
Titeldesign-Konzept: V. Barl
Realisation: Studio Wolf Brannasky

Wir danken dem Belgischen Verkehrsamt in Düsseldorf für die uns bereitwillig gewährte Unterstützung.

Ergänzende Anregungen, für die wir jederzeit dankbar sind,
bitten wir zu richten an:
Polyglott-Verlag, Redaktion, Postfach 40 11 20, D-80711 München.

Zeichenerklärung

- Information
- Öffnungszeiten
- Telefonnummer
- Faxnummer
- Busverbindungen
- Métro
- Hotel
- DZ mit Frühstück ab 7000 BEF
- 3500–7000 BEF
- bis 3500 BEF
- Restaurant
- Menü über 1000 BEF
- 700–1000 BEF
- unter 700 BEF

Kartenlegende

- Beschriebener Weg mit Nummer
- Durchgangsstraße
- sonstige Straßen
- Fußgängerzone
- Fußweg

Erste Auflage 1997

Redaktionsschluß: November 1996

Printed in Germany
Gedruckt auf chlorfrei gebleichtem Papier
ISBN 3-493-62885-4

KONINKLIJK MUSEUM
VOOR
MIDDEN-AFRIKA

MUSEE ROYAL
DE
L'AFRIQUE CENTRALE

LEUVENSESTEENWEG 13 * 3080 TERVUREN * INFO: +32 2 769 52 11

-** MUSEUM *** MUSEE **- 1.98EUR

28/10/00 ZAT. SAM. 10:00 80.00BEF

DATUM / DATE

PRIJS / PRIX

Polyglott-Reiseführer

Brüssel

Ferdinand Dupuis-Panther

Polyglott-Verlag München

Allgemeines

10 Wege durch Brüssel

10 Wege durch Brüssel

10 Wege durch Brüssel

Abseits der Wege

Fremde Kulturen kennenlernen und gastfreundlichen Menschen begegnen – wie sehr genießen wir das auf Reisen. Zu Hause bei uns jedoch wird mancher Ausländer von einer kleinen Minderheit beschimpft, bedroht und sogar mißhandelt. Alle, die in fremden Ländern Gastrecht genossen haben, tragen hier besondere Verantwortung. Deshalb: Lassen Sie es nicht zu, daß Ausländer diffamiert und angegriffen werden. Lassen Sie uns gemeinsam für die Würde des Menschen einstehen.

Verlagsleitung und Mitarbeiter des Polyglott-Verlages

Editorial

Allen Vorurteilen zum Trotz: Brüssel ist wirklich keine Stadt der Langeweiler und mitnichten nur der Lebensmittelpunkt emsiger Eurolobbyisten. Getreu dem Prinzip des Savoir-vivre und des Hangs zum steten Kompromiß versteht man es, das Leben in vollen Zügen zu genießen.

Eifrige Jünger von Gambrinus, jenem sagenumwobenen, flandrischen König, der als Erfinder des Bierbrauens gilt, lassen säuerliches Gueuze und süßliches Kriek durch die durstigen Kehlen rinnen, wenn sie sich zu einem Schwätzchen in einem Café mit dem makaberen Namen „A la Mort Subite" treffen.

Besonderer kulinarischer Wertschätzung erfreuen sich hier die kleinen goldgelben Kartoffelstäbchen, die so gut wie an jeder Straßenecke in einer der unverwechselbaren „Frituur-Friture" zu haben sind. Entgegen allen Dogmen der Haute Cuisine gelten vor allem frisch zubereitete Miesmuscheln mit Fritten als Spezialität. Eingeweihte behaupten allen Ernstes, daß es in Brüssel mehr Frittenbuden als Toilettenhäuschen gäbe! Doch gezählt hat sie niemand!

Genießer sitzen nicht selten stundenlang auf der Grand' Place, bummeln gemütlich von Ixelles nach St-Gilles durch die Welt des leicht morbiden Fin de siècle, bewundern Victor Hortas verspielten Stil des Art nouveau.

Kleine Plätze und lauschige Parks wie Petit Sablon und Parc du Bruxelles laden zum beschaulichen Verweilen ein, und einmal im Frühjahr öffnen die Königlichen Gewächshäuser in Laeken ihre Tore. Nur König Albért II. und seine Familie, die im nahen Schloß residieren, lassen sich kaum je in der Öffentlichkeit sehen.

Nur einmal im Jahr werden die Gewächshäuser in Laeken fürs Publikum geöffnet

Der Autor

Ferdinand Dupuis-Panther ist seit längerem als Reisebuchautor tätig. Seine Vorliebe gilt vor allem dem besonderen Charme der belgischen Metropole. Kein Jahr, in dem er nicht einige Male von Hamburg mal schnell die Fahrt zum europäischen Nachbarn unternimmt.

Metropole Belgiens und Europas

In der pulsierenden und lebensfrohen belgischen Hauptstadt werden nicht nur alle landespolitischen Entscheidungen getroffen, hier wacht bekanntlich auch ein eifriges Heer von Eurokraten über das nicht unumstrittene Zukunftsunternehmen Europa. Wie ein Fremdkörper haben sich die Bürobauten zwischen Square Ambiorix und Parc Léopold innerstädtischen Raum angeeignet und angestammte Bewohner verdrängt. Ganze Straßenzüge sind von Spekulanten entwohnt worden. Ähnlich den Schwingen eines Greifs breitet das Europäische Parlament seine aus Glas und Beton hochgezogenen Bauten jenseits der Place du Luxembourg und der Gare du Quartier Léopold aus.

Mehr als tausend internationale Organisationen, wie EU und NATO, haben sich hier niedergelassen. Mittlerweile ist Belgiens Metropole die zweitwichtigste Kongreßstadt der Welt und steht mit mehr als 60 internationalen Banken in der Rangliste der europäischen Finanzzentren auf Platz fünf.

Im Jahre 2000 wird Brüssel eine der sieben europäischen Kulturhauptstädte sein, was sicherlich dem Tourismus weiteren Auftrieb geben wird, aber bis zur Jahrtausendwende muß die Stadt sich wegen der unablässig fahrenden 600 Rolltreppen mit dem bescheidenen Titel der „Rolltreppenhauptstadt Europas“ zufrieden geben.

Lage und Größe

Die belgische Hauptstadt, etwa auf der gleichen Höhe wie Aachen gelegen, nimmt eine Fläche von 162 km² ein. Sie breitet sich in den sanften Tälern der Flüsse Maelbeek und Woluwe sowie der unter die Erde verbannten Senne aus. Das wellige Landschaftsprofil spiegelt sich in ihrer Anlage wider. Die Unterstadt rund um die Grand' Place liegt nur 15–20 m über dem Meeresspiegel, während sich die Oberstadt mit dem mächtigen Palais de Justice bis zu 100 m erhebt. Kleinere und größere Parks wirken wie eingestreute grüne Kissen im urbanen Dschungel.

Seit der Staatsreform (S. 12) ist Brüssel-Hauptstadt neben Wallonien und Flandern eine der drei Regionen, die den belgischen Bundesstaat bilden. Hier residieren das Parlament und die Regierung der Région de Bruxelles-Capitale, deren Symbol die gelbe Iris ist. Die Stadt an der Senne ist zudem Hauptstadt und Regierungssitz der aufstrebenden Region Flandern, ohne daß das offiziell zweisprachige Brüssel ein Teil Flanderns ist. Niederländisch und Französisch sind in Brüssel-Hauptstadt gleichberechtigte Amtssprachen.

Die Region umfaßt 19 selbständige Gemeinden mit jeweils einem eigenen Bürgermeister und Polizeichef. Flächenmäßig am größten sind Bruxelles (Ville) rund um die Grand' Place, Anderlecht mit seinem großen Schlachthof und den riesigen Markthallen, in denen freitags und am Wochenende zwischen 7 und 13 Uhr lauthals frisches Obst und Gemüse angepriesen werden, sowie das im Süden der Region gelegene Uccle mit seinen vornehmen Villen und gepflegten, parkähnlichen Gärten.

Klima und Reisezeit

Das Klima wird durch vorherrschende Westwinde bestimmt. Die Temperaturen liegen im Sommer bei mäßigen 16 °C, manchmal auch bei angenehmen 20 °C und mehr, im Winter bei 3 °C bis 7 °C. Am schönsten präsentiert sich Brüssel zwischen Mai und September, wenn die Terrassen rund um die Grand' Place bevölkert sind und die herrlichen

Landschaftsparks wie der Parc Josaphat zu einem Spaziergang einladen. Doch ein Besuch ist nicht vom Wetter abhängig. Schließlich wartet eine Vielzahl von Museen und Galerien auf die Entdeckung.

Und sollte einen der Regen überraschen, nimmt man Zuflucht in einem der zahlreichen Cafés und Restaurants.

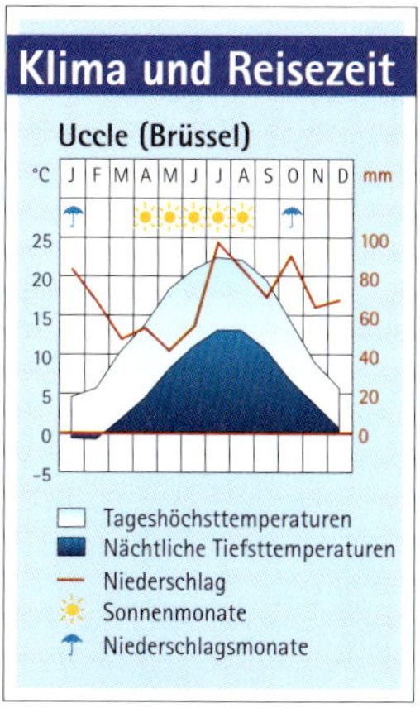

Brüssels grüne Oasen

Die innerstädtischen grünen Lungen bringen es zusammen auf 27 km². Im Westen hat sich die Natur mitten in Berchem-Ste-Agathe das ehemalige Gebiet des Hofes *ter Wilst* zurückerobert. Auen, kleine Teiche und malerische Bäche sind nun Lebensraum für Molche, Laubfrösche und Erdkröten. Stechpalmen gedeihen im *Bois du Wilder* (Tram 58; 85, 87) unter schattigen Eichen. Weißblühender Schneeball hier, zahlreiche Windröschen und dunkelblaue Hyazinthen dort sind Farbtupfer im Immergrün, in dem das Zwitschern von 43 verschiedenen Vogelarten den Spaziergänger begleitet.

Nahe dem Stadtkern, zu Füßen der mächtigen Basilique Nationale du Sacré-Cœur de Koekelberg, breitet sich der von Alleen durchzogene *Parc Elisabeth* (Ⓜ Simonis; Tram 19) aus, der anläßlich des 50. Jahrestages der belgischen Unabhängigkeit entstand.

Teil der ausgedehnten Domaine Royal de Laeken ist im Norden der *Parc d'Osseghem* unweit des Atomiums.

Am östlichen Stadtrand liegt der *Parc de Woluwe* (Tram 39, 44) im gleichnamigen Flußtal. Anläßlich der Weltausstellung 1897 entstand hier ein Landschaftspark englischer Prägung mit künstlichen Grotten und idyllischen Weihern, auf denen sich Singschwäne, Bläßgänse und Teichhühner wohlfühlen. Die Alleen werden von Ulmen gesäumt, Rotbuchen stehen in Gruppen zusammen, dazwischen wachsen rosablühende Zierkirschen und vereinzelte Mammutbäume.

Ein kleiner Wasserfall, die dahinplätschernde Rodebeek, ein Minizoo mit Meerschweinchen und Hasen, die Kinder erfreuen, machen den Reiz des *Parc Josaphat* (Tram 23; 🚌 54, 65, 66) aus. Zahlreiche Skulpturen erinnern an prominente Belgier, darunter den Schriftsteller und Mitbegründer der literarischen Bewegung „La jeune Belgique", Emile Verhaeren (1855–1916).

Im Süden der Innenstadt, wegen seines Grundrisses „Brüsseler Fünfeck" genannt, geht der *Bois de la Cambre*, ein weiterer englischer Landschaftspark, nahtlos in den ausgedehnten Mischwald der *Forêt de Soignes* über, die sich nach Overijse im Süden und Tervuren im Osten erstreckt. Unter hochstämmigen Buchen sprießen im Frühjahr wilde Hyazinthen und Windröschen. Neben heimischen Eichhörnchen tollen seit 1974 auch Koreanische Eichhörnchen durchs Unterholz. An warmen Sommerabenden zeigen sich an den Teichen nahe der Ruine des Schlosses Tournay-Solvay winzige Zwergfledermäuse. Am Nordostrand der Forêt de Soignes unweit eines ehemaligen Klosters aus dem 14. Jh. (Roode Kloster) finden Wanderer gelegentlich seltene Kamm- und Wassermolche.

Steckbrief

Lage: 50° 50' nördliche Breite und 4° 20' östliche Länge

Gesamtfläche: 162 km²

Einwohner: knapp 1. Mio.

Beschäftigte: 550 000

Grünflächenanteil: 27,7 m² pro Einwohner

Kulturelles Angebot: 70 Museen, 45 Theater, größter Kinokomplex der Welt mit 26 Vorführsälen und 8000 Sitzplätzen

Wahrzeichen: Atomium und das Weltkulturerbe Grand' Place

Gastronomisches Angebot: 2000 Restaurants, Bars und Cafés

Unterkunft: 170 Hotels mit 18 000 Betten

Verkehrsmittel: 3 Métro-, 15 Straßenbahn- und 41 Buslinien; Flughafen Bruxelles-International, 14 km außerhalb in Zaventem, mit 50 Fluggesellschaften, 80 Cargo-Unternehmen und 10 Kurierdiensten

Bevölkerung

Die überwiegende Mehrheit der Brüsseler ist frankophon. Manch einer spricht zudem einen Brüsseler Dialekt, der im Marionettentheater „Toone" gepflegt wird. Niederländisch ist in der Öffentlichkeit selten zu hören. Die unübersehbare Schar der Eurokraten, die am grünen Südostrand ihr Zuhause hat, gehört zu den 25 % der Bevölkerung, die sich ihrer Herkunft entsprechend bevorzugt in Englisch, Spanisch, Deutsch, Arabisch oder Türkisch verständigen.

Der Alltag in Molenbeek-St-Jean, Schaerbeek und St-Josse-ten-Noode wird von Immigranten aus Nordafrika und Kleinasien bestimmt. Hier wohnt jeder vierte Zuwanderer. Sie haben Köfte, Pide und Couscous mit nach Westeuropa gebracht, exotische Genüsse, die auch der auswärtige Besucher der belgischen Hauptstadt zu schätzen weiß.

Das Armutsgefälle und der schleichende städtische Zerfall werden daneben zumeist übersehen. Nach jüngsten Untersuchungen der Freien Universität Brüssel erreichen Brachflächen und verfallene Gebäude im Zentrum die Größe von 25 Fußballfeldern. Mit dem leerstehenden Hôtel Central und heruntergekommenen Wohnhäusern in der Rue Léopold wird hemmungslos spekuliert. Sozialstatistiken zeigen, daß 6 % der Bevölkerung an der Armutsgrenze leben. Jeder fünfte Schulabgänger, darunter überwiegend Kinder zugewanderten Familien, haben auch drei Jahre nach dem Abschluß noch keine dauerhafte Beschäftigung. Dies sind Gründe, die zur steigenden Kriminalität beitragen. Mehr als eine Viertelmillion Straftaten, v. a. Handtaschendiebstahl und schwerer Einbruch, wurden 1995 vor den Strafkammern verhandelt.

Soziale Unzufriedenheit und Langeweile unter Jugendlichen aus Gemeinden wie Molenbeek führen regelmäßig zu gewalttätigen Auseinandersetzungen mit der Polizei. Hin und wieder wird auch die Grand' Place Schauplatz eines nur scheinbar harmlosen Katz-und-Maus-Spiels zwischen marokkanischen Jugendlichen und den Ordnungshütern der Stadt.

Das Angebot auf Trödelmärkten ist witzig und international

Wirtschaft

Etwa ein Fünftel aller in Belgien vorhandenen Arbeitsplätze konzentriert sich in der Hauptstadt. Insgesamt bietet Brüssel mehr als einer halben Million Beschäftigten ein sicheres Auskommen, zu 85 % im Dienstleistungssektor. Täglich pendeln über 215 000 Flamen aus dem Umland in die Stadt. 15 000 Arbeitnehmer verdienen ihr Geld bei der Europäischen Union, deren Milliardeninvestitionen im Quartier Léopold sichtbar sind. Bei sonstigen internationalen, nichtstaatlichen Organisationen stehen 46 000 Beschäftigte auf der Gehaltsliste.

Übermächtig thront das Palais de Justice über der Unterstadt

Brüssel, nach Antwerpen wichtigstes Industriezentrum des Landes, ist zweitgrößter Umschlagplatz der Welt für Industrie- und Konsumgüter. Die Nähe zum europäischen Finanzmarkt mit internationalen Geldinstituten und Euro-Clear, dem Zentrum internationalen Handels mit Obligationen, suchen 60 % aller ausländischen Unternehmen, die auf dem belgischen Markt tätig sind, darunter über 200 multinationale Betriebe. Den internationalen Handelsaktivitäten verdankt die Stadt 80 % ihres jährlichen Bruttoinlandsprodukts.

Der Tourismus boomt ungebrochen und verzeichnet jährlich mehr als eine Million Besucher. Zu verbuchen sind zudem Übernachtungen von einer halben Million Kongreßteilnehmern und 1,5 Millionen Geschäftsreisenden.

Staat und Verwaltung

Belgien ist eine konstitutionelle Erbmonarchie mit einem Parlament aus Abgeordnetenkammer und Senat. Mit seiner Unterschrift setzte Albért II. am 17. Dezember 1994 die neue Verfassung in Kraft, die seit den Wahlen von 1995 Gültigkeit hat. Damit wurde die langwierige und langjährige Staatsreform abgeschlossen. Seither ist Belgien ein aus drei Regionen und drei (Kultur-)Gemeinschaften bestehender föderaler Staat. Diese Reform, so hoffen die Befürworter, soll den jahrzehntelang andauernden Konflikt zwischen dem Süden und dem Norden des Landes, dem Französisch sprechenden Wallonien und dem niederländischsprachigen Flandern, beilegen. Vor allem nationalistisch und rechtsextremistisch gesonnene Flamen sehen diese Staatsreform nur als Etappe auf dem Weg zur Eigenständigkeit. Ihnen ist u. a. der Finanztransfer in die wirtschaftlich schwache wallonische Region ein Dorn im Auge.

In Eigenverantwortung befindet jede Region, mit einem Ministerpräsidenten an der Spitze ihrer Regierung, über Stadtplanung oder Raumordnung,

Das belgische Königshaus aus Sachsen

Die Revolution vom 25. August 1830 machte Belgien zu einem unabhängigen Königreich. Es dauerte dann noch fast ein Jahr, bis sich die Nationalversammlung auf einen Kandidaten einigen konnte und schließlich am 21. Juli 1831 der deutsche Prinz Leopold von Sachsen-Coburg-Gotha als Léopold I. feierlich in Brüssel Einzug hielt.

1839 wurden nach der Teilung Limburgs die endgültigen Grenzen und die Neutralität Belgiens festgeschrieben.

Während der Regentschaft von Léopold (1831–1855) entstand die erste Eisenbahnverbindung zwischen Antwerpen, Brüssel und Köln. Zudem wurden die Universitäten in Mechelen und Brüssel gegründet.

Die Einführung von Sozialgesetzen, z. B. über Frauen- und Kinderarbeit (1889) und den arbeitsfreien Sonntag (1905), fiel in die Amtszeit von Léopold II. (1835–1909), doch war dies Verdienst der wachsenden belgischen Arbeiterbewegung. Der erste in Belgien geborene König war der zweite Sohn von Léopold I., Léopold-Louis-Philippe-Marie-Victor, der 1865 als Léopold II. den Thron bestieg. Er strebte danach, aus seinem Land ein stolzes Kolonialreich zu machen.

Leopold II. finanzierte zwischen 1879 und 1885 zahlreiche Expeditionen nach Zentralafrika bis er den Unabhängigen Kongostaat als sein privates Krongut ausrufen ließ. Fortan mehrte er seinen Reichtum durch Ausbeutung der Rohstoffe wie Kautschuk und Kupfererz. In den Minen schufteten afrikanische Zwangsarbeiter für den fernen König. Ihre Aufstände wurden zwischen 1895 und 1897 blutig niedergemetzelt. Durch die Kritik liberaler und sozialistischer Politiker sowie der in Europa wachsenden Bewegung gegen den modernen Sklavenhandel führten 1908 dazu, daß Léopold II. die Rechte am Kongo an den Staat abtrat. Durch Parlamentsentscheid wurde dieser afrikanische Staat zur Kolonie Belgisch-Kongo ernannt, deren Bodenschätze aber bis zur Unabhängigkeit 1960 weiterhin von Belgien ausgebeutet wurden.

Wohnungsbau, Umwelt- und Naturschutz, Regionalwirtschaft und Verkehrspolitik. Alle über 18 Jahre alten, wahlberechtigten Bürger mit Wohnsitz im zweisprachigen Brüssel bestimmen in geheimen Wahlen 75 Abgeordnete zum Conseil de la Région de Bruxelles (Capitale).

Dem Brüsseler Regionalparlament obliegt die gesetzgebende Funktion, die Verabschiedung des Haushaltes und die Kontrolle der Regionalregierung. Dem jetzigen Parlament, dessen Amtszeit bis 1999 dauert, gehören Vertreter niederländisch- wie französischsprachiger Parteien an, darunter die flämischen Christdemokraten (CVP), die frankophonen Sozialisten (PS), aber auch rechtsradikale Parteien wie Vlaams Blok und Front National.

Léopold I. stammte aus dem Haus Sachsen-Coburg-Gotha

Der Reichtum aus der Kolonie schlug sich im Stadtbild nieder. Brüssel verdankt dem bauwütigen Léopold II. u. a. die neoklassizistischen Museumsbauten auf dem „Kunstberg", den Triumphbogen im Parc du Cinquantenaire, die imposante Anlage der Avenue de Tervuren und das schloßähnliche Musée d'Afrique Centrale (niederländ.: Koninklijke Museum voor Midden Afrika) in Tervuren.

Nach Léopolds Tod im Jahr 1909 übernahm sein Neffe Prinz Albert die Regentschaft (1909–1934), die überschattet wurde von den Ereignissen des Ersten Weltkriegs. Bis heute sind in Ieper und Umgebung (Westflandern) die Spuren der grauenvollen Schlachten an der Ijzer sichtbar, und der massenhafte Einsatz von Senfgas ist unter der Bevölkerung nicht vergessen. König Albert I., der von Veurne (Westflandern) aus die belgischen Truppen befehligte, sowie seine Gemahlin, die bayerische Prinzessin Elisabeth, eine ausgebildete Krankenschwester, wurden wegen ihres Einsatzes in dieser Zeit vom Volk hoch geschätzt.

Wenig Zivilcourage bewies dagegen Leopold III. (1934–1951). Als die deutsche Wehrmacht im Mai 1940 das neutrale Belgien überfiel, leistete der König keinen aktiven Widerstand. Er kapitulierte und wurde zum Gefangenen im eigenen Lande, ehe er nach Österreich verbracht wurde. Nur eine knappe Mehrheit der Belgier entschied sich 1949 für die Rückkehr des Königs, der jedoch klugerweise zugunsten seines Sohnes, Prinz Baudouin, abdankte.

Unter König Baudouin (1951–1993) wurde die Debatte um die föderale Struktur einschließlich der Festlegung der Sprachgrenzen der Regionen abgeschlossen. Bemerkenswert war seine Haltung in der Debatte um das Abtreibungsgesetz, das während eines eintägigen Rücktritts auch ohne die Billigung des gläubigen Katholiken in Kraft treten konnte. Schließlich folgte nach dem unerwarteten Tod des kinderlosen Baudouin im Jahr 1993 sein Bruder Albert, der seither als König Albert II. oberster Repräsentant Belgiens ist.

Geschichte im Überblick

966 In einer Chronik des Kaisers Otto I. wird erstmals Bruoscella, die Siedlung in den Sümpfen, erwähnt.

979 Dort, wo heute das Stadtzentrum liegt, wird auf einer Insel ein kleiner Militärposten errichtet.

Um 1100 Bau der ersten Festungsmauer.

1221 Erstmals wird die herzoglich-brabantische Tuchhalle an der Grand' Place urkundlich erwähnt.

1282 Die Tuchmacherzunft wird gegründet.

1303 Revolte der Zünfte, die sich für drei Jahre an die Spitze der Stadtregierung setzen, ehe Brüssel wieder zum Spielball zwischen den Interessen der Grafen von Flandern und der Herzöge von Brabant wird.

1357 Bau der neuer Festungsmauern mit sieben Toren. Die Porte de Hal, heute Musée du Folklore, ist das einzige noch erhaltene Stadttor dieser Zeit.

1384 Mit der Vermählung von Philipp dem Kühnen und der Brabanter Herzogin Margarete beginnt die burgundische Periode und die bis zum Ende des 15. Jhs. andauernde Blütezeit.

1457 Die Eheschließung von Maria von Burgund mit Maximilian von Österreich führt zur Herrschaft der Habsburger über Brüssel und die Niederlande.

1515–1555 Regentschaft des in Gent geborenen Karl V., Enkel von Maria von Burgund und Maximilian von Österreich. 1520 Organisation des ersten internationalen Postverkehrs durch Jean-Baptiste von Thurn und Taxis. 1521 bezieht der Humanist Erasmus von Rotterdam auf Einladung der Domherren von Sts-Pierre-et-Guidon ein Herrenhaus im noch dörflichen Anderlecht. 1522 werden durch die „Brüsseler Verträge" zwischen Karl V. und seinem Bruder Ferdinand die Besitzungen der Habsburger in eine deutsche und eine spanische Linie geteilt.

1556–1598 Ära der blutigen Herrschaft des spanisch-habsburgischen Königs Philipp II. Statthalter Herzog Alba läßt die Grafen Egmont und Hoorne, Anführer eines Aufstands gegen die spanischen Besatzer und die Inquisition, 1568 auf der Grand' Place hinrichten.

1695 Belagerung Brüssels durch französische Truppen. Die Renaissancebebauung der Grand' Place wird verwüstet.

Um 1700 Barocker Wiederaufbau der Grand' Place. Statthalter ist Max-Emanuel, Kurfürst von Bayern.

18. Jh. Ab 1715 herrschen die Österreicher über das Land. 1795 werden die Südlichen Niederlande Teil Frankreichs, nachdem österreichische Truppen bei Fleurus von französischen Verbänden vernichtend geschlagen worden waren. Brüssel wird Hauptstadt des Département de Dyle.

1803 Napoleon Bonaparte besucht Brüssel.

1815 Bei Waterloo, 16 km südlich von Brüssel, werden die Truppen Napoleons vernichtend geschlagen.

Auf dem Wiener Kongreß werden die niederländischen Generalstaaten mit Belgien zum Königreich der Niederlande vereinigt.

Im Rathaus seiner Residenzstadt Brüssel wird König Willem I. zum Regenten gekrönt, dem auch das Großherzogtum Luxemburg untersteht.

1830 Die Belgische Revolution macht Belgien zu einem unabhängigen Königreich. Brüssel wird Hauptstadt.

1831 Feierlicher Einzug des ersten belgischen Königs Léopold I., der 1855 stirbt und die Regentschaft an seinen Sohn Léopold II. vererbt.

1880 Erste Weltausstellung in Brüssel.

1893 Die Architekten Victor Horta und Henry van de Velde begründen mit der Weiterentwicklung der englischen Arts-and-Crafts-Bewegung den Stil Art nouveau (Jugendstil).

1902–1914 und **1918–1922** wird die Fahrrinne des Canal de Willebroek vertieft.

1909 Nach dem Tod von Léopold II. wird dessen Neffe Albert I. König.

1934 Albert I. verunglückt bei einer Bergtour tödlich. Nachfolger auf dem Thron wird sein Sohn Léopold III.

1935 Zweite Weltausstellung.

1951 Léopold III. muß wegen seiner passiven Haltung im Zweiten Weltkrieg zugunsten seines Sohnes Baudouin auf den Thron verzichten.

1958 Dritte Weltausstellung.

Auf dem Messegelände Heysel wird als Wahrzeichen das Atomium gebaut.

1967 Das NATO-Hauptquartier wird von Frankreich nach Brüssel verlegt.

1991 Parlamentswahlen bringen einen Durchbruch der Umweltschutzparteien Ecolo und Agalev und einen Aufschwung des rassistischen, rechtsradikalen Vlaams Blok in Flandern.

1993 Am 31. Juli stirbt König Baudouin I. Am 9. August wird sein Bruder Albert II. vereidigt.

1995 Die Region Brüssel-Hauptstadt wird von einer Koalition aus Christ- und Sozialdemokraten sowie Liberalen regiert. Im Quartier Léopold wird mit dem Neubau des Europäischen Parlaments begonnen.

Julius Hamel malte 1876 die Verhaftung des Grafen Egmont

Ab 1909 heißt das Herrscherpaar Albert I. und Elisabeth

Am 9. August 1993 wurde Albert II., hier mit seiner Frau, zum König vereidigt

Kultur gestern und heute

Architektur

Nur glücklichen Umständen und eifrigem Engagement von Bürgerinitiativen wie ARAU und Vrijstadt Brussel ist es zu verdanken, daß architektonisch bedeutende Bauwerke und Teile der Stadtarchitektur aus den 20er und 30er Jahren noch erhalten sind. Nicht zu übersehen sind allerdings die Krebsgeschwüre wie die postmoderen Verbauungen unweit der Gare du Nord und der fortschreitende Zerfall zwischen zentral gelegenen Plätzen wie der Place St-Cathérine und Place Fontainas. Was in den 60er und 70er Jahren mit eifrigem Modernisierungswahn begann, dem 1964 Victor Hortas Maison du Peuple geopfert wurde, wird heute mit Blick auf spekulativen Gewinn im Büroneubau fortgesetzt.

Trotz dieser aktuellen Bedrohung für die historisch gewachsene Bausubstanz kann man in Brüssel wie auch anderswo in Europa herausragende Architekturdenkmäler vergangener Jahrhunderte entdecken. Ein Beispiel für die Gotik, wenn auch nicht stilrein, da sie im 17. Jh. barock verändert wurde, ist die prächtige, aus hellem Sandstein errichtete Cathédrale St-Michel-et-Ste-Gudule, die nur wenige Schritte von der Grand' Place ihre schlanken Doppeltürme in den Himmel streckt.

In der Renaissance (15./16. Jh.) als nicht mehr Gott, sondern der Mensch in den Mittelpunkt des Denkens rückte, wurden im Auftrag reicher Zünfte und wohlhabender Kaufleute zahlreiche Patrizier- und Gildehäuser erbaut.

Durch die Zerstörung der Grand' Place im Jahr 1695 wurde das wichtigste Renaissanceensemble der Stadt weitgehend zerstört. Der Wiederaufbau geschah unter dem Einfluß der Barockkunst (1600–1750), die durch übermäßige und ausladende Verzierungen gekennzeichnet ist. Die schönste Brüsseler Barockkirche mit Schmuckurnen, gebrochenen Dreiecksgiebeln und spiralförmigen Zierbändern ist die Eglise St-Jean-Baptiste au Béguinage, die 1657 auf den Grundmauern einer gotischen Kirche errichtet wurde. Nach Abschluß der wohl noch Jahre dauernden Restaurierungsarbeiten werden auch die Eglise Notre-Dame aux Riches Claires und die Grabkapelle der Familie de Thurn und Taxis in der Eglise Notre-Dame du Sablon in altem barocken Glanz erstrahlen.

Im Stadtbild fallen die klassizistischen und neoklassizistischen Platzanlagen auf, die zwischen dem 18. und 19. Jh. mit Sinn für die Formen der Antike und die Symmetrie des Baukörpers entstanden. Portale mit ionischen und korinthischen Säulen, Fenster in Medaillonform, Putti und umlaufende Balustraden vor den Satteldächern sind charakteristisch für die Architektur der Place des Barricades, Place de la Monnaie und Place Royale mit der Eglise St-Jacques sur Coudenberg.

Einen Bruch mit der Tradition vollzogen junge Architekten im ausgehenden 19. Jh. Sie nannten ihre neue Kunstrichtung Art nouveau, die in Deutschland die Bezeichnung Jugendstil, in Österreich Secession erhielt. Ihre geschwungenen Formen sind vorwiegend Flora und Fauna abgeschaut. Elemente wie gußeiserne Träger verwandelten sich so in eiserne Ranken. Schmiedeeiserne Fenster- und Balkongitter wurden nach dem Vorbild ausgebreiteter Insektenflügel gearbeitet. Vogel- und Blumenmotive aus Buntglas schmückten Oberlichter in Treppenhäusern. Lichtdurchflutete Räume entstanden durch große hufeisenförmige Fenster oder Lichtkuppeln. Der Innenraum wurde in warmen Gelb- und Brauntönen gehalten. Für Paneele und Geländer griff man auf exotische Edelhölzer wie Mahagoni, brasilianisches Rosenholz und Ebenholz zurück. Treppenaufgänge wurden in Marmor hochgezogen.

Auftraggeber waren bekannte Industrielle, Bankiers und Mäzene wie der Sodafabrikant Ernest Solvay oder der Anwalt Max Hallet. Ohne diese Unterstützung hätten Victor Horta (1861–1947), dessen Schaffen die belgische Hauptstadt 1996 erstmals mit einer sehr umfangreichen Aussstellung würdigte, und Paul Hankar (1859–1901) Brüssel nie zum Zentrum avantgardistischer Architektur machen können. Zum Kreis um Horta und Hankar gehörte auch der Designer, Maler und Architekt Henry van de Velde (1863–1957). Er entwarf alles, von Möbeln über Tafelbesteck bis zu farbenfrohen Vorhängen, die von der englischen Arts-and-Crafts-Bewegung inspiriert und dem formverspielten Art nouveau verbunden war. Punkt neben Punkt entstand im Stil des Pointillismus neben anderen Werken sein Gemälde „Strand von Blankenberge", das im Besitz der Bremer Kunsthalle ist. Zwischen 1900 und 1907 hielt sich van de Velde in Berlin und Weimar auf.

Blick auf das Europäische Parlament mit der Gare Léopold

Designer, Maler und Architekt: Henry van de Velde

Während dieser Zeit stattete er das damalige Folkwang-Museum, das heutige Karl-Ernst-Osthaus-Museum in Hagen mit Mobiliar aus, das größtenteils 1992 restauriert wurde. Als Mitbegründer des Deutschen Werkbundes plante er das auf Zeit angelegte Werkbundtheater in Köln (1914) sowie die noch erhaltene Kunstgewerbeschule (heute: Hochschule für Bauwesen) und das Nietzsche-Archiv in Weimar. Während seine „Villa Bloemenwerf" (1895) in Brüssel-Uccle noch dem englischen Landhausstil verbunden ist, näherte sich Henry van de Velde im Schaffen seiner späteren Jahre den streng kubischen Formen des Bauhauses an, wie sie mit der Universitätsbibliothek in Gent (1932–1936) und 1937 mit dem Museum Kröller-Müller in Otterlo (Niederlande) verwirklicht wurden.

Ein prunkvoller Giebel an der Grand' Place

Tip

Informationen über aktuelle Ausstellungen und belgische Gegenwartskünstler kann man über das Internet unter http://www.Artsite.be abrufen.

Art nouveau war mehr als nur eine Laune von jungen Architekten. Es war eine künstlerisch-politische Bewegung, die sich in Belgien um die Zeitschrift „L'Art Moderne" und die Gruppe „Les XX" („Die Zwanzig") scharte. Literatur, Malerei, Architektur und Bildhauerei in Belgien aus dem Dornröschenschlaf zu erwecken und der öffentlichen Kritik zu unterziehen, war und blieb bis zum Ersten Weltkrieg wichtigste Aufgabe.

In öffentlichen Salons der Gruppe erhielten Félicien Rops, Schöpfer unzähliger erotisch-satirischer Zeichnungen, der französische Bildhauer Auguste Rodin und der symbolistische Maler Fernand Khnopff erstmals Gelegenheit, ihre Arbeiten vorzustellen. Auf ihre Initiative hin gab der Violonist Eugène Ysaye Konzerte mit Werken des Lütticher Komponisten César Franck.

Ohne die in „Les XX" vereinten Intellektuellen hätte auch Claude Débussy kaum das Werk des flämischen Literaturnobelpreisträgers von 1911, Maurice Maeterlinck (1862–1949), entdeckt und dessen Drama „Pelléas und Melisande" (1892) vertont. Débussys Oper steht regelmäßig auf dem Spielplan des Brüsseler Théâtre Royale de la Monnaie.

Zwischen 1920 und 1936, der Phase des Interbellum, gewann in Belgien der Art déco an Bedeutung, der sich von der Verspielheit des Art nouveau löste und geometrischen Abstraktionen von Flora und Fauna den Vorzug gab.

Formgebend wurde die Pariser „Exposition Internationale des Arts Décoratifs et Industriels Modernes" von 1925. Stilisierte Rosen und nackte Frauenfiguren, Zickzackbänder und Spiralen waren beliebte Motive, wie sie auch Horta beim Palais des Beaux-Arts anwandte.

Parallel dazu setzte sich wie anderswo in Europa ab 1925 der Funktionalismus durch, der auf die neuen Werkstoffe Beton und Stahl zurückgriff. Das Ornamentale verschwand gänzlich aus der Architektur. Nur der nackte Baukörper mit seinen kantigen Linien erlaubte Variationen aus einem Baukasten.

Zu den bekanntesten belgischen Architekten jener Zeit zählen Adrien Blomme (1878–1940), auf den das Cinéma Métropole mit 3000 Zuschauerplätzen zurückgeht, und Louis Herman De Koninck (1896–1984), der 1926 für das Atelierhaus Lenglet an der Fond'Roy in Uccle verantwortlich zeichnete.

Nach den Zerstörungen des Ersten Weltkriegs wurde im Rahmen des Wiederaufbaus und der Stadterweiterung der soziale Mietwohnungsbau durch Wohnungsbaugenossenschaften vorangetrieben. Darüber hinaus errichtete man luxuriöse, vielgeschossige Appartementhäuser wie die Résidence Palace gegenüber dem Berlaymont. Am Stadtrand entstanden nach dem Vorbild englischer Gartenstädte die Siedlungen Le Floréal und Le Logis (1922–1933). Freundliche Vorgärten zieren die zweigeschossigen Häuser mit Satteldach. Unterkühlt wirken im Gegensatz dazu die vom Bauhaus beeinflußten kubischen Entwürfe für die Moderne Wijk (1922–1925) in St-Agatha-Berchem sowie die Gartenstadt in Kapelleveld (St-Pieters-Woluwe) nahe dem heutigen Campus der naturwissenschaftlichen Fakultät der Katholischen Universität Leuven (Ⓜ Alma).

Nach dem Zweiten Weltkrieg entwickelten führende Architekten keine neuen, bahnbrechenden Ideen im Wohnungsbau. Statt dessen traten nun die Eurokraten als Auftraggeber auf den Plan. Gefragt war die schnelle Skelettbauweise, versteckt hinter spiegelnden Glasfassaden. Bürohochhäuser und Bürokomplexe wie das Centre Administrative (1958–1964) jenseits des Jardin Botanique wurden hochgezogen. Auch die Galerie Ravenstein, eine moderne Passage zwischen dem Palais des Beaux-Arts und der Gare Centrale, fällt in diese Periode. In den 60er Jahren kamen einzelstehende Bürotürme wie die Tour IBM am Rande des alten Jardin Botanique hinzu.

„Der Denker" von Auguste Rodin auf dem Friedhof von Laeken

Heute scheint die Rückbesinnung auf vergangene Stile und deren Vereinfachung im Trend: hier geometrische Linien und Sprünge im Sinne des Art déco wie am SAS-Hotel in der Fosse aux Loups, dort schlanke, Betonpfeiler in Anlehnung an die himmelwärts gerichtete Gotik sowie die Hufeisenfenster im maurischen Stil an der Wirtschaftshochschule St-Aloysius (Montagne des Herbes Potagerès), die zwischen 1983 und 1988 errichtet wurde.

Verwaltungsgebäude der Europa-Kommission

Malerei

Der rege Handel brachte Reichtum in die Stadt und machte das mittelalterliche Brüssel neben Antwerpen zu einem Zentrum der Malerei. Zu den flämischen Meistern, die sich in Brüssel – und nicht wie der in Siegen geborene Pieter Paul Rubens in Antwerpen – niederließen, zählt der aus Tournai stammende Brüsseler Stadtmaler Rogier van der Weyden (um 1400 bis 1464). Er vereinte in seiner Kunst harmonisch das Menschliche und das entrückt Göttliche. Zu den schönsten Männerporträts des 15. Jhs. zählt sein Bildnis von Philippe de Croy.

Hochhaus an der Rue du Finistère

Ein Jahrhundert später bezog der als Bauernbruegel bekannte Pieter Bruegel d. Ä. (um 1525/30 bis 1569) im ärmlichen Marollen-Viertel ein Treppengiebelhaus an der Rue Haute, wo er dann bis zu seinem Tod lebte. Zu seiner Familie gehörten die beiden Söhne Pieter d. J. (1564–1638), der Höllenbruegel, und Jan d. Ä. (1568–1625), der Samt- und Blumenbruegel. Pieter Bruegel d. Ä. ließ sich in seinem Schaffen von der herben Landschaft zwischen Senne und Dender zur „Volkszählung von Bethlehem" und der „Landschaft mit dem Sturz des Ikarus" anregen. Die Gemälde finden sich neben der „Anbetung der Weisen" und dem „Engelsturz" im Musée d'Art Ancien. Ganz in der Art des Vaters schuf Pieter Bruegel d. J. Winterlandschaften und apokalyptische Szenen, die wie das „Stilleben mit Blumengirlande" (1618) seines Bruders Jan ebenfalls zur Sammlung des Brüsseler Musée d'Art Ancien gehören.

Bruegels Söhne zog es im Laufe ihres Lebens nach Antwerpen und ins ferne Italien. Jan suchte dabei die Nähe zu Rubens, mit dem er gemeinsam arbeitete. Die größte Gemäldesammlung des Samt- und Blumenbruegels mit Landschaftsbildern, Tierstudien und Blumenstilleben ist übrigens im Prado in Madrid zu besichtigen.

Erst nach der Belgischen Revolution von 1830 zog es vermehrt namhafte Künstler in die belgische Hauptstadt, die das liberale Klima des jungen Staates und die verfassungsmäßig garantierte Kunst- und Pressefreiheit zu schätzen wußten. Sie beschäftigten sich mit den Sorgen und Nöten der einfachen Menschen, die zugleich Triebkraft und Opfer der Industrialisierung des 19. Jhs. waren. In dieser Zeit entwickelte sich der sog. soziale Realismus. Ihm war auch der Bildhauer und Maler Constantin Meunier (1831–1905) verbunden, der das Elend der Bergarbeiterfamilien auf einer Reise durch die Kohlereviere der wallonischen Borinage bei Mons erlebt hatte. Verhärmte und abgearbeitete Bergarbeiter hielt der Künstler in Öl, Kreide und Aquarellfarben fest. Ohne Pathos und Heroisierung der arbeitenden Massen entwarf er plastische Arbeiten wie das „Denkmal der Arbeit" am Canal du Charleroi (Brüssel-Molenbeek).

Einen Überblick über Meuniers Schaffen bekommt man in seinem einstigen Wohnhaus und Atelier (Musée Constantin-Meunier, 59, rue de l'Abbaye, ☎ 6 48 44 49; 🕓 Mo–Fr 10–12, 13 bis 17 Uhr).

Auch der Maler Auguste Oleffe (1867 bis 1931) widmete sich dem Schicksal

Die Pfeife ist (k)eine Pfeife

Nicht die Darstellung der alltäglichen Dinge, sondern deren Verfremdung stehen im Mittelpunkt von René Magrittes surrealem Schaffen. Der Künstler sorgt bewußt für Verwirrung: „Der Verrat der Bilder" zeigt eine gemalte Pfeife, unter die Magritte den Schriftzug „Ceci n'est pas une pipe" („Dies ist keine Pfeife") gesetzt hat. Denn man sieht nicht eine Pfeife, sondern den abgebildeten Gegenstand, den man mit „Pfeife" bezeichnet. Die Abbildung ist nur die Bestätigung eines konventionelles Bild im Gehirn des Betrachters und nicht die Realität.

Das Nachdenken über die Dinge, ihre Bezeichnung und Abbildung motivierte Magritte zu seinen Arbeiten, die wiederum beim Betrachter Nachdenken hervorrufen und Erwartungen zerstören sollen. Sein Werk „Der Kuß" zeigt eben nicht die liebkosenden Lippen eines Paares, sondern die sanften Hügel Flanderns, die in eine Wüstenlandschaft fließen.

Für seine Verfremdungen wählte Magritte mehrfach Spiegelbilder. Auf dem Bild „Die verbotene Reproduktion" schaut ein Mann in einen Spiegel. Entgegen der allgemeinen Erwartung zeigt Magritte nicht das Gesicht des Abgebildeten. Er stellt nur die Rückenansicht des Mannes im Spiegel dar. Der Porträtierte bleibt gesichtslos.

der kleinen Leute. Sein Ölgemälde „Witwe eines Fischers aus Nieuwpoort" ist im Musée Charlier ausgestellt, das Werk gehört zur Sammlung (S. 59) des Bildhauers Guillaume Charlier.

Im Gegensatz zu den sozialen Realisten steht Antoine Joseph Wiertz (1806 bis 1865) mit seiner manischen Vorliebe für riesenhafte Allegorien. Seine Themen entlehnte er der griechischen Mythologie. Nur dank der Hilfe des belgischen Staates konnte er seine gewaltigen Arbeiten überhaupt vollenden. 1851 erhielt Wiertz im Quartier Léopold ein geräumiges Atelierhaus. Getreu seinem Motto: „Porträts für die Suppe, Gemälde für den Ruhm" stürzte er sich auf sein Gemälde „Griechen und Trojer im Kampf um die Leiche des Patroklos", dem bei der Ausstellung auf dem Pariser Salon von 1827 jedoch die Anerkennung versagt wurde. Scheinbar unbeeindruckt von der Mißachtung seines Könnens durch die Öffentlichkeit malte er als Antwort auf die „Kreuzabnahme" von Rubens den „Fall der Engel", der ursprünglich in der Antwerpener Liebfrauenkathedrale gegenüber dem genannten Werk des berühmten Meisters einen würdigen Platz finden sollte. Doch die Träume des Künstlers erfüllten sich nicht. Das fast 12 mal 8 m große Gemälde hängt heute neben weiteren am Rande des Parc Léopold im Musée Antoine-Wiertz (9, rue du Musée, ☎ 5 08 32 11; 🕒 tgl. außer Mo 10–12, 13–17 Uhr; 🚌 80, 34).

Der zweifellos bekannteste belgische Maler des 20. Jhs. ist der surrealistische Denker mit der Farbpalette René Magritte (1898–1967). Eine hervorragende Auswahl seines Schaffens zeigt das Musée d'Art Moderne, das zum 100. Geburtstag des Künstlers eine umfangreiche Werkschau präsentieren wird. Der Antwerpener Galerist Ronny Henry van de Velde bemüht sich seit Jahren um Sponsoren, damit Magrittes Wohnhaus in der Rue Esseghem Nr. 135 (Brüssel-Jette) als Musée René-Magritte die Traumwelten des Surreali-

„Die Volkszählung von Bethlehem" gemalt von Pieter Bruegel d. Ä.

Im Musée d'Art Ancien

„La Lampe Philosophique" gemalt von René Magritte

sten wiederbeleben kann. Vorraussichtlich soll das Magritte-Museum noch 1997 eröffnet werden.

Ähnlich wie Magritte brachen die belgischen Abstrakten mit konventionellen Kunstformen. Neben der noch dem Kubismus verbundenen Marthe Donas (1885–1967) ist vor allem Victor Servranckx (1897–1965) mit seinem umfangreichen Opus hervorzuheben. Als Abstrakter verzichtet er auf klare geometrische Strukturen und pointierte Farbgegensätze.

Belgiens abstrakte Maler sind übrigens nicht nur im Musée d'Art Moderne zu finden. So ist auf dem Métrobahnhof Montgomery die farbige Kachelkomposition „Brüsseler Rhythmus" (1975) von Jo Delahaut (1911–1992) auf einer Länge von hundert Metern zu sehen.

Von den lebenden belgischen Künstlern ist der durch den Tachismus und die japanische Kalligraphie beeinflußte Pierre Alechinsky (geb. 1927) über die Grenzen seiner Heimat hinaus bekannt. Seine transzendenten Wesen und lyrische Geschichten scheinen im Vergleich zu den Videoinstallationen von Marie-Jo Lafontaine (geb. 1945) überaus traditionell. Ihre Arbeiten, die Tod und Sehnsucht symbolisieren, erregten schon auf der Documenta 8 in Kassel (1987) Aufmerksamkeit. Ebenfalls eher traditionell sind die abstrakten Arbeiten von Gaston Bertrand (geb. 1910), dem Mitgründer von „Jeune Peinture Belge". Skurrile Welten mit bewußten literarischen und bildhaften Zitaten hingegen beschäftigen im Sinne Magrittes den 1938 in Uccle geborenen Camille de Taeye.

Historienspiel auf der Grand' Place

Der Brüsseler Ommegang, eine der spektakulärsten Attraktionen der Stadt, läßt alljährlich im Juli das Mittelalter in seiner üppigen Pracht und ausgelassenen Festlichkeit einen Tag lang wieder aufleben. Der seit den 20er Jahren dieses Jahrhunderts wiederbelebte „Umzug" blickt auf eine 600 Jahre alte Tradition zurück.

Alles begann mit einem gottgewollten Raub. 1348 entwendete Beatrijs Soetkens, die Frau eines armen Brüsseler Tuchwebers, im göttlichen Auftrag, wie die Legende berichtet, aus der Antwerpener Liebfrauenkirche die Statue der Notre-Dame à la Branche, um sie nach Brüssel zu bringen. Auf einem Ruderboot kämpfte die fromme Beatrijs stromabwärts gegen heftigen Wind und Wellen. Himmlische Kräfte trugen sie sicher durch die Gischtkronen des aufgepeitschten Wassers. Vor einer herbeigeeilten Menge ging Beatrijs mit dem Madonnenbildnis wohlbehalten am Übungsplatz der Armbrustschützengilde unweit der heutigen Place du Grand Sablon an Land. Dankbar für die geglückte Rückkehr der Statue beschloß man, fortan der Hl. Jungfrau zu Ehren eine große Prozession an der Eglise Notre-Dame du Sablon abzuhalten.

Anläßlich des Besuchs Kaiser Karls V. im Jahr 1549, der mit seinem Hofstaat durch sein riesiges Reich zu reisen pflegte, verband der Brüsseler Magistrat diese religiöse Prozession mit einem pompösen Fest für den hohen Gast.

Genau an dieses historische Schauspiel knüpft das großartige Touristenspektakel an. Hunderte von Brüsseler Bürgern schlüpfen in die Rollen – und dafür in farbenprächtige Gewänder – von Kaiser und Gefolge, von Hofdamen und Hofnarren, von Stadtoberhäuptern, Kaufleuten und fahrendem Volk.

Wenn sich allmählich die Dämmerung über die Grand' Place legt, zieht der kaiserliche Hofstaat im fahlen Licht ein. Zunächst schreiten grazile Hofdamen, stolpern feiste Günstlinge auf den Platz, dann kommt das kleine Jagdgefolge mit

Klöppelspitze und Bildteppiche

Jedes Jahr wird im Juli auf der Grand' Place das Historienspiel Ommegang aufgeführt

Brüsseler Spitze erfreut sich großer Beliebtheit: Ob geklöppelte Deckchen mit Blumendekors, Sets mit dreiblättrigen Kleeblättern oder weiße Seidenblusen mit Herzchen auf dem Spitzenkragen – wechselnde Moden lassen immer neue phantasievolle Gebilde entstehen, die vor allem in den Geschäften rund um die Grand' Place angeboten werden. Doch Vorsicht: Vielfach stammen die preiswert in Brüssel verkauften Produkte nicht aus Belgien, sondern aus der Volksrepublik China. Überaus kostbare Arbeiten aus den Anfängen der Spitzenklöppelei im 16. Jh.

nervösen Falken auf dem Lederhandschuh. Hinten im Zug haben sich Fanfarenbläser und edle Ritter eingereiht. Hoch zu Roß reiten Kaiser Karl V. und sein 22jähriger Sohn Philipp II. zu ihrem Ehrenplatz. Ihre Eskorte läßt lautstark die Kesselpauken erklingen, ehe eine bunte Schar Fahnenschwinger, verwegener Feuerschlucker und Magier ihre Kunststücke unter den Begeisterungsrufen der Zuschauer zeigen.

Auf überlangen Stelzen tanzen buntgekleidete Stelzenläufer auf dem glatten Kopfsteinpflaster Ringelreihen. Waghalsig sind ihre Bewegungen mit immer länger werdenden Schritten, während sie den Platz umkreisen. Vor der Maison du Roi lösen sich vier aus der Gruppe. Paarweise wechseln sie mitten in einem atemraubenden Sprung die Stelzen, um wieder sicher auf ihren hölzernen Beinen zu landen. Mittelalterliche Barden unterhalten mit Gesang und Lautenspiel. Sagenumwobene Riesenfiguren mischen sich unter die muntere Schar.

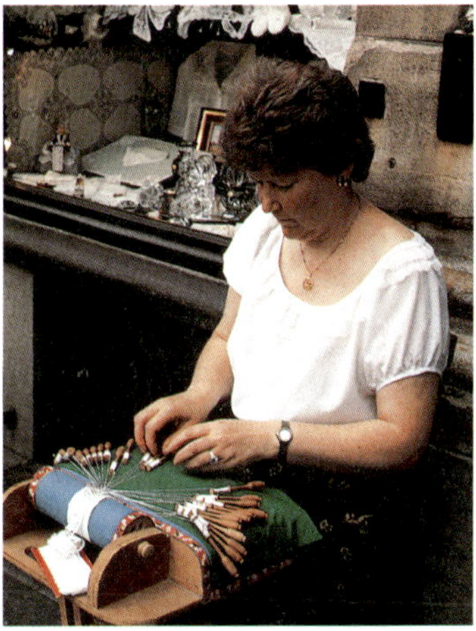

Geklöppelte Spitzen werden nach wie vor gern gekauft

Im Musée du Cinquantenaire wird Kunst aus aller Welt gezeigt

hingegen werden im Musée du Cinquantenaire aufbewahrt. Eines der herausragenden Stücke der Sammlung ist ein Bettüberwurf, der anläßlich der fürstlichen Hochzeit von Erzherzog Albrecht mit der spanischen Königstochter Isabella im Jahr 1599 angefertigt wurde. Inmitten von hundertzwanzig historischen Szenen prangt das Bildnis des Brautpaares mit ihrem Wappenschild. Welch glückliche Beziehung zwischen Albrecht und Isabella bestand, symbolisieren ihre gekrönten Monogramme und ein flammendes Herz. Eingearbeitet in den Überwurf sind Darstellungen der Brüsseler Schutzheiligen Gudula und des Antwerpener Riesen Druon Antigon. Er soll, so die Sage, von den Schiffern auf der Schelde hohe Zölle erpreßt haben. Erst als der römische Soldat Silvio Brabo auftauchte, wurden die Schiffer von diesem Joch befreit. Er tötete den Riesen, dessen Hand er abhackte und in die Fluten der Schelde warf.

Die gleichfalls in dem Überwurf verewigten vier Haimonskinder und das Riesenroß Bayard erinnern an eine aus dem ostflämischen Dendermonde stammende Legende des 15. Jhs. Reinout, einer der vier Söhne Aymons (Haimon), des mächtigen Herren von Dendermonde, soll einst ein feuriges Roß namens Bayard gebändigt haben. Auf ihm ritt Reinout mit seinen Brüdern zu einem Fest am Hofe Karls des Großen. Dort erschlug er seinen Vetter im Streit. Karl der Große nahm Aymon gefangen und forderte von ihm als Sühneopfer den Tod des Pferdes Bayard.

Über Jahrhunderte war die Spitzenklöppelei in Brüssel, aber vor allem in Flandern ein wichtiger Wirtschaftszweig. Im Auftrag der Spitzenhändler klöppelten junge Mädchen und Frauen tagtäglich ohne Pause zwölf Stunden. Ihr karger Tageslohn reichte nicht, um davon ein Brot oder ein Kilo Butter zu kaufen. Dennoch gab es, in Ermangelung anderer Erwerbsmöglichkeiten für Frauen, im 17. und 18. Jh. Zehntausende von Spitzenklöpplerinnen. Erst mit dem Niedergang der höfischen Kultur im 19. Jh. ging die Zahl der Klöpplerinnen drastisch zurück. Heute gibt es nur noch wenige Meisterinnen ihres Fachs.

Wer den flinken Händen beim Klöppeln zuschauen und das Entstehen von Duchesseblümchen aus feinstem Faden bewundern möchte, hat dazu in Brüssel leider keine Gelegenheit. In der alten Hansestadt Brügge jedoch, die man nach einer Stunde Zugfahrt erreicht, lassen sich im dortigen Kantcentrum die Frauen über die Schulter schauen. (Peperstraat 3; Mo–Fr 14–18 Uhr.)

Ähnlich alt wie die Kunst der Spitzenklöppelei ist in Belgien die Tradition gewebter Wandteppiche. Die Gobelins entstanden seit dem frühen 15. Jh. in Manufakturen in Brüssel, Oudenaarde und Tournai. Landschaften und Jagdszenen gehörten zu den beliebten Motiven. Im Verlauf des 16. und 17. Jhs. besann man sich auf mythologische und religiöse Darstellungen. Die wertvollste Sammlung dieser Wandteppiche wird ebenfalls im Musée du Cinquantenaire gezeigt. Von Gold- und Silberfäden sind die aus dem 16. Jh. stammenden, feingewebten Prunkstücke „Die Legende des Herkenbald“ und „Die Beweinung Christi“ durchzogen. Aus zehn Einzelstücken besteht der zwischen 1528 und 1534 im Atelier von Willem de Kempeneer gewirkte Wandteppich „Die Geschichte des Jakob“. Der Hofmaler der Margarete von Österreich und Maria von Ungarn, Bernart van Orley (1488–1542), fertigte die Vorlage für die szenischen Darstellungen dieses monumentale Werks. Neben der Segnung Isaaks sieht man die Begegnung zwischen Jakob und seiner Nichte Rachel, die Schafe zur Tränke führt, und schließlich die Aussöhnung zwischen Jakob und Esau. Die Bildmotive sind von breiten Borten mit prachtvoll gearbeiteten Blumen und Früchten eingefaßt. Die schmalen, blauen Ränder der einzelnen Teppiche zeigen das Monogramm des Webers und jeweils ein B links und rechts eines roten Wappenschildes, die für Brüssel und Brabant stehen. Eine solche Kennzeichnung war seit 1528 per Dekret Kaiser Karls V. die Pflicht eines jeden Webateliers.

Ob die bis zu 5 mal 9 m großen Teppiche an Hoch- oder Flachwebstühlen (Haute lisse bzw. Basse lisse) gefertigt werden, erfährt man in Mechelen beim Besuch der Manufaktur Gaspard de Wit (☏ 0 15/20 20 05; ◷ nur Sa außer Juli und zwischen Weihnachten und Neujahr) und im Musée de la Tapisserie in Tournai, das eine gute Autostunde von

Der Sänger und Schauspieler Jacques Brel im Film „Le Bar de la Fourche"

Veranstaltungskalender

Januar: Internationales Brüsseler Filmfestival.

Februar: Comicfestival.

März: Festival des fantastischen Films.

April: Internationale Buchausstellung im Parc des Expositions de Bruxelles (letzte Aprilwoche).

Mai: KunstenFestival Des Arts (experimentelles Tanztheater, Art Brut; Internetauskunft: http://www.INet.net/brussels.arts. – Anfang/Mitte Mai Blumenfest von Watermael-Boitsfort zur Zeit der Kirschbaumblüte mit Vernissage, Straßentheater, Clownerien, Afroblues und Bossarock sowie musikalischen Improvisationen drinnen und draußen. Alle zwei Jahre (1998, 2000) Parcours d'Artistes de St-Gilles mit Sonderausstellungen in allen Kunstgalerien.

Mai/Juni: Ende Mai/Anfang Juni Jazzrallye in der ganzen Stadt von Dixie bis Crossover und Fusion in mehr als 60 Kneipen und Cafés sowie auf öffentlichen Plätzen. – Internationaler Musikwettbewerb „Königin Elisabeth" für klassische Musik.

Mai bis Juli: Täglich wird zweimal abends ab 22.30 Uhr die Grand' Place mit ihren herrlichen Bürgerhäusern in das Licht von 800 Scheinwerfern getaucht. Untermalt wird das Spektakel von konzertanter Musik.

Juni/Juli: An jedem Sonntag von 11–13 Uhr Klassik und Jazz im Bois de la Cambre. – Am ersten Donnerstag im Juli Historischer Ommegang in Erinnerung an den Einzug von Karl V. mit seinem Hofstaat in die Stadt am 2. Juni 1549 mit anschließendem Fest. – 21. Juli Nationalfeiertag mit musikalischem Rahmenprogramm und Feuerwerk.

August: Alle zwei Jahre (1998, 2000) prächtiger Blumenteppich auf der Grand' Place.

September: Alle zwei Jahre Europalia: Mit einer Reihe kultureller Veranstaltungen wird jeweils ein anderes europäisches Land vorgestellt. 1997 steht die Türkei im Mittelpunkt (Veranstaltungen Sept. bis Dez.).

November: Belga Jazz Festival mit belgischen und internationalen Jazzgrößen.

Dezember: Zweites Wochenende Weihnachtsmarkt.

Kunst und Unterhaltung in Brüssel: (http://www.Art-Events.be).

Brüssel entfernt ist. (9, pl. Reine-Astrid, ☎ 0 69/23 42 85; 🕓 tgl. außer Di 10 bis 12, 14–17.30 Uhr.)

Literatur

Georges Simenon, der Vater des Kommissars Maigret, hat weltweit viele Leser, doch die wenigsten wissen, daß der frankophone Autor in Lüttich aufgewachsen ist. Simenon (1903–1989) läßt seinen Romanhelden in Frankreich ungewöhnliche Mordfälle aufklären. Nur in „Maigret und der Gehängte von Saint-Pholien" kommt der Pariser Kommissar nach Belgien, um in Lüttich eine Untersuchung zu leiten.

Als französische Dichterin und erste Frau, die in die Académie Française aufgenommen wurde, gelangte Marguerite Yourcenar (1903–1987) zu Weltruhm. Ihr Geburtsort: Brüssel.

Aus dem Ambiente der flämischen Umgebung schöpften der sozialkritische Paul Boon (1912–1979), der Autor des flämischen „Till Eulenspiegel" Charles de Coster (1827–1879) und der Nobelpreisträger von 1911 Maurice Maeterlinck ihre Inspirationen.

Die Idylle flämischer Dörfer des Kempenlandes zwischen Lier und Antwerpen lag dem romantischen, heimatverbundenen Schriftsteller Felix Timmermans (1886–1947) am Herzen. Der aus Antwerpen stammende und heute in Südfrankreich lebende Hugo Claus thematisierte in seinem Entwicklungsroman „Der Kummer von Flandern" die Zeit der deutschen Besetzung im Zweiten Weltkrieg und die bis heute weitgehend tabuisierte Mittäterschaft der Belgier bei den Verbrechen jener Zeit.

Jedes Kind kennt die Abenteuer von „Tim und Struppi" (franz. „Tintin et Milou"), die sich der Brüsseler Georges Remi, genannt Hergé (1907–1983), ausgedacht hat. In über 40 Sprachen kann man die beiden Comichelden auf den Mond, zu den Pharaonen und auf die schwarze Insel begleiten. Auch der ehrenwerte Cowboy Lucky Luke, der sich mit den fiesen Dalton-Brüdern auseinandersetzen muß, wurde ebenso von einem belgischen Zeichner zum Leben erweckt wie der chaotische Bürobote Gaston und die Phantasiegestalt des getüpfelten Kletterbeutlers Marsupilami.

Den größten kommerziellen Erfolg dürfte Peyo mit der Erfindung der Schlümpfe erzielt haben. Kein Wunder, daß Belgien diesen Bilderstreifengeschichten in der Metropole ein eigenes Museum, das Centre Belge de la Bande dessinée (S. 58), gewidmet hat.

Musik

Auch der franzöische Chansonnier Jacques Brel (1929–1978) war Belgier. Der Sohn eines Brüsseler Wellpapierfabrikanten lebte jedoch überwiegend in Frankreich und in den letzten Lebensjahren in der fernen Südsee. Seine Chansons, darunter „Le Plat Pays", eine Liebeserklärung an das heimatliche Flandern, und „Amsterdam", sind als Welterfolge unvergessen. Bands wie die englisch singenden „Clouseau" und „Vaya Con Dios" schafften von Brüssel aus den Sprung in die internationalen Hitparaden der Popmusik. Pendler zwischen der Alten und Neuen Welt sind Jazzvirtuosen wie der Harmonikaspieler Toots Tielemans aus dem Marollen-Viertel, wo er gelegentlich im dortigen „Exito 13" zu hören ist. Mit vielstimmigem Gesang suchen sich die Vokalgruppe „Zap Mama", die aus Zentralafrika nach Belgien kam, und „Tam'Echo'Tam" ihr Publikum. Daß die Tradition der Folklore nicht verloren gegangen ist, beweist der flämisch singende Brüsseler „Troubadour" Johan Verminne. Bei uns völlig unbekannt, gehört er in Belgien neben Willem Vermandere zu den wichtigsten Vertretern dieses Genres.

In mehr als 40 Sprachen wurden die Abenteuer der beiden Comic-Helden Tim und Struppi publiziert

Von Bier bis Pommes

Bier und Pommes im Schlaraffenland

Brüssel gilt zu Recht als Schlaraffenland für Feinschmecker, und ein raffiniertes Essen zu edlen Weinen darf auch etwas kosten. Man kann ja am nächsten Tag wieder zu Pommes und Bier greifen! Der gute Ruf der Brüsseler Küche ist längst weit über die Grenzen gedrungen. Im nahen Aachen und Köln soll es Gourmets geben, die nur mal schnell zum Abendessen in die belgische Hauptstadt fahren. Schon beim Bummel durch die Gassen der *Rue de Bouchers* und *Petite rue de Bouchers* unweit der Grand' Place, respektlos als Freßgassen bezeichnet, kann einem beim Anblick der kunstvoll dekorierten fangfrischen Fische, Muscheln oder Hummer, Obst und Gemüse das Wasser im Mund zusammenlaufen. Die sterngekrönten Speisetempel liegen allerdings außerhalb dieser Touristenmeile.

In der Freßgasse

Aux Arcades, 36, rue des Bouchers, ☏ 5 14 08 19. Restaurant mit frivoler Art-nouveau-Ausstattung. Feinst zubereitete Schalentiere und auserlesene französische Weine. $$

Léon de Bruxelles, 18, rue des Bouchers, ☏ 5 11 14 15. In dieser gemütlichen Brasserie in der Altstadt gibt es leckere belgische Küche mit Spezialitäten wie Waterzooi à la gantoise, einen flämischen Eintopf mit blanchiertem Gemüse und Huhn. $

La Belg'Epoque, 28, petite rue des Bouchers, ☏ 5 12 51 11. Unweit des Marionettentheaters „Toone" tischen flinke Kellner u. a. erlesenes Entenfilet in Orangensauce, französische Fischsuppe und gedünsteten Lachs mit Garnelenkroketten auf. $

Schlemmen bis zum frühen Morgen

Falstaff, 23–25, rue Maus, ☏ 5 11 87 89. In authentischem Art-nouveau-Interieur genießt man ein halbes Dutzend Schnecken in Burgunder, Rindsmedaillons in einer Gueuze-Biersauce, die mit Zimt und grünem Pfeffer abgeschmeckt ist oder überbackenen Chicorée *(Le pavé de boeuf aux chicons et à la Gueuze parfumé à la canelle)* zum trüben belgischen Weißbier *Blanche de Hoegaarden.* $$

't Kelderke, 15, Grand' Place, ☏ 5 13 73 44. Auf herzhafte landestypische Spezialitäten wie in Bier und Zucker geschmortes Rindfleisch *(Carbonnades flamandes à la Bière)* und Miesmuschelauflauf *(Gratin de Moules)* versteht man sich im Kellergewölbe der Maison des Ducs du Brabant. $

Marmiton, 43, rue des Bouchers, ☏ 5 11 79 10. In der rustikalen Umgebung lohnt es sich, die gemischte Fischplatte *(Panaché de poissons grillés)* und zum Nachtisch Vanilleeis mit heißer Schokolade *(Dame blanche rappée de chocolat chaud)* zu probieren. $

Stilvolles Ambiente

Ultieme Hallucinatie, 316, rue Royale, ☏ 2 17 06 14. Das in St-Josse gelegene ehemalige Hôtel Cohn-Donnay prunkt mit einer von Paul Hamesse 1904 im Stil des Art nouveau gestalteten Innenausstattung. Spezialitäten: Gänseleber in Akazienhonig und Schweinenierchen in feiner Pfeffersauce. $$$

La Quincaillerie, 45, rue du Page, ☏ 5 38 25 53. In der zum nostalgischen Restaurant umgestalteten Eisenwarenhandlung kommen Feinschmecker beim gegrillten Lachsfilet mit Tomaten und Spinat *(Escalope* *de saumon rôti au gros sel, concassée de tomates et basilic frais et épinards)* auf ihre Kosten. $

In't Spinnekopke, 1 place du Jardin aux Fleurs, ☏ 5 11 86 95. In diesem flämischen Dorfkrug aus dem 18. Jh., der unweit des alten Fischmarktes liegt, fällt die Wahl zwischen zahlreichen belgischen Bieren, dem leicht säuerlichen *Lambic,* dem süßlichen *Faro* oder dem hellen, erfrischenden *Goudenband* schwer. In Biermarinade werden hier zartes Rinderfilet *(Filet pur de boeuf'Manneken pis')* und junges Kaninchen *(Lapin à la Gueuze)* zubereitet. $

Großer kulinarischer Wertschätzung erfreuen sich die goldgelben Kartoffelstäbchen

Für Genießer

Maison du Cygne, 9, Grand' Place, ☏ 5 11 82 44. Man tafelt an stilvoll gedeckten Tischen. Empfehlung des Küchenchefs: eine Platte mit Meeresfrüchten, u. a. Garnelen und Hummer, garniert mit Haselnüssen und Eßkastanien. $

De l'Ogenblick, 1, Galeries des Princes, ☏ 5 11 61 51. Abseits der überlaufenen Freßgassen bilden die wunderschönen Galeries Royales St-Hubert den stilvollen Rahmen. Auf der Karte sind Köstlichkeiten wie Gänseleber in Portgelee, Lachsfilets garniert mit Fischpüree und Spinat *(Escalope de saumon aux épinards et mousseline à la moutarde)* oder köstliches Muschelragout *(Ragôut de coquilles)* zu finden. $

Belgisches Bier: dunkel oder hell, malzigsüß oder starkbitter

Comme chez soi, 23, place Rouppe, ☏ 5 12 29 21. Der erlesenste Gourmettempel liegt am Südrand der Innenstadt. Er bietet nur Platz für 50 Gäste, denen ein exquisites Menü zwischen 2000 und 4000 BEF wert ist. Kulinarische Extravaganzen wie Austern mit Chicorée und zartem Schinkenspeck *(Huîtres chaudes à la chicorée et aux petits lardons)* sind ein Genuß. $

Auf der Terrasse des „Falstaff"

Ein Hauch Exotik

Canne à Sucre, 12, rue des Pigeons, ☎ 5 13 03 72. Karibische Kochkunst und kreolische Gesänge werden Do bis Sa geboten. Zu den Spezialitäten gehören Hühnchen in Kokosnußcreme *(Poulet coco)* und Jambalaya mit Garnelen, gekochte Garnelen mit Reis, Rauchschinken, geräucherter Wurst, Staudensellerie, Zwiebeln, Paprika und vielen Gewürzen. ($)

El Yasmine, 234, chaussée d'Ixelles, ☎ 6 47 51 81. Kenner schwärmen von der nordafrikanischen Küche dieses kleinen Familienrestaurants. Aus Hartweizengrieß werden vegetarisches Couscous und Couscous mit Rosinen und Hühnchen zubereitet. ($)

Thé de Pékin, 16–24, rue de la Vierge-Noire, ☎ 5 13 46 42. Kantonesische Küche wie z. B. Teigtaschen mit den unterschiedlichsten Füllungen *(Dim Sum)* oder Hühnchen in Zitronensauce). ($)

Für den kleinen Hunger

Het Warm Water, 19, rue de Renards, ☎ 5 13 91 59. Als es noch kein fließendes warmes Wasser in den Wohnhäusern im Marollen-Viertel gab, wurde hier auf einem gußeisernen Ofen warmes Wasser zubereitet und

Prosit auf Brettanomyces brusselensis

Belgische Biere, hell wie dunkel, malzigsüß oder starkbitter werden noch immer in kleinen Brauhäusern wie bei Cantillon in Anderlecht nach dem Reinheitsgebot gebraut. Auch bei der in Molenbeek ansässigen Brauerei Belle-Vue, versteht man sich von November bis März auf das Brauen von *Gueuze, Lambic, Framboise* und *Kriek.* Gär- und Reifungsprozeß erfolgen bei Belle-Vue in abgelagerten Eichenfässern, während man sich bei Cantillon auf Flaschengärung spezialisiert hat.

Unter den verschiedenen Sorten des bis zu 13 Volumsprozent Alkohol enthaltenden Gerstensaftes (soviel Alkohol hat sonst nur Wein) sind *Lambic* und *Gueuze* wegen ihrer Spontangärung etwas Besonderes. Weizen und Gerstenmalz sind auch bei diesen beiden leicht säuerlichen Bieren wie bei allen Sorten die wichtigsten Rohstoffe, aus denen zunächst Stammwürze gekocht wird. Zur Abkühlung wird das Bier anschließend in große, offene Kupferwannen umgefüllt. Im Lauf der Abkühlung sorgen Mikroorganismen wie *Brettanomyces lambicus* und *brussellensis* während dieses Vorgangs für den sofortigen Gärungsprozeß. Im Anschluß beginnt man mit der Flaschenabfüllung. Nach drei bis vier Tagen kann das erste schaumlose, leicht säuerliche *Lambic* schon getrunken werden. Dieses Bier kann aber auch zwischen sechs Monaten und drei Jahren gelagert und regelmäßig verkostet werden. Aus dem verschnittenen und unterschiedlich lange gereiften *Lambic* gewinnt man *Gueuze.* Für besondere, eher süßlichherbe Biere wie *Framboise* werden Himbeeren zugesetzt, für *Kriek* Sauerkirschen, die fünf bis sechs Monate im *Lambic* ausgelaugt werden.

Alles Wissenswerte erfährt man bei einem Besuch der Brauereien Belle-Vue (43, quai du Hainaut, B-1080 Bruxelles, ☎ 4 10 19 35; 🕓 nur nach Voranmeldung; Ⓜ Comte de Flandres) und Cantillon mit dem ganzjährig geöffneten Gueuze-Museum (56, rue Gheude, B-1080 Bruxelles, ☎ 5 21 49 28; 🕓 Mo bis Fr 8.30–17 Uhr, 1. Jan. bis 31. Mai Sa 10–17, 1. Juni bis 15. Okt. Sa 10–13, 16. Okt. bis 31. Okt. Sa 10–17 Uhr, sowie jeweils Sa an offenen Brautagen Anfang November, Ende Februar und Anfang März; Ⓜ Gare du Midi).

an die Bewohner der Nachbarschaft gegen ein geringes Entgelt abgegeben. Daran erinnert der Name dieses kleinen Restaurants, das für Flohmarkthändler und -besucher ab 7.30 Uhr Frühstück serviert. Am Mittag gibt es u. a. vegetarische Lasagne, Milchreis mit Zimt und Safran oder Tofu-Omelett. Sonntags lädt ab 12 Uhr die Kleinkunstbühne mit politischem Kabarett und Chansons ein.

Brüssel ist bekannt dafür, daß es ein Schlaraffenland für Feinschmecker ist

De Skieven Architek, 30, place du Jeu de Balle, ☎ 5 14 43 69. Mitten im Marollen-Viertel hat man von hier aus einen freien Blick auf das bunte Treiben des Flohmarkts gegenüber. Naive Gemälde mit Szenen aus dem Viertel hängen an den Wänden des Cafés, das schon ab 5 Uhr Frühstück mit Croissants und Milchkaffee anbietet. Mit Käse überbackener Chicorée *(Chicon Gratin)* ist eines der einfachen Gerichte, die man mittags bestellen kann.

Ibis, 86–88, avenue Anspach, ☎ 5 02 18 72. Unweit der Börse öffnet dieses holzgetäfelte Restaurant mit großen Spiegeln und floraler Glaskunst à la Art nouveau ab 11 Uhr seine Türen. Wechselnde Tagesmenüs, darunter gedünsteter Kabeljau in Butter und Lachsfilet in Preiselbeersauce.

Au Pain Quotidien, 11, rue des Sablons, ☎ 5 02 70 73. Ein Feinkostgeschäft mit Bistro. An langen, gescheuerten Eichentischen wird da für den kleinen Appetit Toast mit Mozzarella oder eine toskanische Käseplatte serviert.

Den Teepot, 66, rue de Chartreux, ☎ 5 11 94 02. Etwas versteckt in den staubigen Straßen zwischen Börse und Vieux Marche aux Grains finden eingefleischte Vegetarier Sojakuchen und eine große Auswahl von Eierspeisen mit Biogemüse. Außer So nur Mittagessen (12–14 Uhr).

Im Lokal „A la Mort Subite"

Für Gambrinus-Jünger

Le Cerf, 20, Grand' Place, ☏ 5 11 47 91. 1710 wurde dieses Patrizierhaus erbaut. Innen sind die Wände unter schweren Eichenbalken mit edler Córdoba-Ledertapete bespannt. Bei einem frischgezapften Weißbier *Blanche de Hoegaarden* mit Blick auf die Hobbymaler an der Grand' Place kann man mit der Seele baumeln.

Cirio, 18, rue Bourse, ☏ 5 12 13 95. Gediegene Plüschigkeit der Jahrhundertwende sorgt für Gemütlichkeit. Neben dem goldgelben *Gueuze* fließt das schwere Trappistenbier *Orval* aus dem Zapfhahn.

A la Mort Subite, 7, montagne aux Herbes Potagères, ☏ 5 13 13 18. Im „Plötzlichen Tod", so die Übersetzung des Lokalnamens, wird der Gast mit dem Charme einer Bahnhofshalle konfrontiert, den schon der Chansonnier Jacques Brel schätzte. Nach Feierabend genießt ein gemischtes Publikum Snacks zum süffigen *Mort Subite*.

La Bécasse, 11, rue Tabora, ☏ 5 11 00 06. Trinkfeste Besuchergruppen ordern den Gerstensaft gleich in Steinkrügen, die 15 l fassen. Wurst- und Käseplatten oder ein *Croque Bécasse* mit Schinken und Käse sorgen für die feste Grundlage.

L'Orange Bleu, 29, rue A.-Dansaert, ☏ 5 13 98 29. Nicht weit von der Börse hat dieses Lokal von 19 Uhr bis morgens um 3 Uhr geöffnet. Schummeriges Licht verleiht dem Café den Hauch einer verruchten Cocktailbar. Aus der kleinen Küche sind in Knoblauch eingelegte Scampis und Tagliatelle mit Lachs und Crème fraîche zu empfehlen.

Le Greenwich, 7, rue de Chartreux, ☏ 5 11 41 67. Im dezenten ockerfarbenen Interieur hatte schon René Magritte bei einem Schluck herben *Gueuze* so manchen Gedanken zur surrealen „Untersuchung der Wahrheit". Heute sinnieren Schachspieler nach dem ersten Zug an diesem urigen Ort über weitere mögliche Varianten mit Turm und Läufer.

Café Le Métropole, 31, place de Brouckère, ☏ 2 17 23 00. In der Nähe des Théâtre Royale de la Monnaie liegt dieses Café aus dem späten 19. Jh. mit mächtigen Lüstern, rötlichmilchiger Marmortäfelung und großen Spiegeln. Zum geräucherten Lachs *(Assiette Saumon fumé)* schmeckt ein Kirschbier *(Kriek)*.

Manneken Pis, 33, rue des Grands Charmes, ☏ 5 02 71 45. Der lange Tresen wird von einer Reihe Knabenfiguren getragen, die der berühmten Brunnenfigur gleich gegenüber nicht unähnlich sind. Zum obergärigen *Vieux Temps* empfiehlt sich der flämische Fischeintopf *Waterzooi de poissons* oder Kaninchen in Chimay-Biersauce *(Lapin à la Trappiste Chimay)*.

Nach einem üppigen Mahl sollte man unbedingt mit einem Kaffee zum Genever das Essen abschließen.

Poechenellekelder, 5, rue du Chêne, ☏ 5 11 92 62. Unweit der Grand' Place und von Manneken Pis ist dieses folkloristische Bistro von 10 Uhr bis Mitternacht geöffnet. Hier gibt es u. a. *Carolus d'Or* und *Faro* vom Faß und als kleine Schlemmerhappen Preßkopf *(Tête pressée)*, eine Art Sülze, sowie verschiedene Pasteten.

Plattesteen, 41, rue du Marché au Charbon, ☏ 5 12 83 03. In einer der vielen Gassen in der Nähe der Grand' Place und nahe der Eglise Notre-Dame du Bon-Secours findet man sich hier zum Zwiegespräch ein. Der Blick aus dem Fenster fällt auf das androgyne Paar aus dem Comic „Broussaille" von Frank Pé, das die Brandmauer des Nebenhauses bedeckt.

Au Soleil, 86, rue du Marché au Charbon, ☏ 5 13 34 30. An blanken Holztischen speist man mittags Gemüsetorte *(Tarte de Légume)*, Hackbraten *(Pain de viande)* oder Leberpastete aus den Ardennen *(Pâte d'Ardennes)*. Während der Sommermonate werden, so die Sonne scheint, Tische und Stühle auf das Kopfsteinpflaster gerückt.

Fleur en Papier Doré, 53–55, rue Alexiens, ☏ 5 12 80 91. Dort, wo heute der Boulevard de l'Empereur verläuft und mit der Tour d'Angle ein Teil der alten Stadtmauer erhalten ist, findet man in dem „Café zum Goldpapierblümchen" eine Spur Surrealismus. Kneipenbesucher sitzen unter einem gewaltigen Hirschgeweih und einem ausgestopften Schweinskopf. Poetische Gedanken schmücken die Wände.

Café Leffe, 46, place du Grand Sablon, ☏ 5 13 19 99. Am Rande der Place du Grand Sablon gelang mit der Eröffnung dieses Cafés eine modernistische Interpretation des Art nouveau. Bevor man zu einem Bummel durch die nahegelegenen Antiquitätengeschäfte und Kunstgalerien aufbricht, empfiehlt sich z. B. das Hühnerfrikasee mit Reis und Ananas *(Ragôut de poulet et riz Curry Ananas)* zum *Leffe-Bier.*

Kitty O'Shea's Pub, 42, boulevard Charlemagne, ☏ 2 30 78 75. Nur einen Katzensprung vom Europarat und dem Berlaymont entfernt ist dieser Pub Treffpunkt der Eurokraten, die offensichtlich eine Vorliebe für dunkles *Guinness* und traditionelles *Irish Stew* haben.

Au Vieux Spijtigen Duivel, 621, chaussée d'Alsemberg, ☏ 3 44 34 55. Ganz im Süden der Stadt auf dem Weg in die Provinz Brabant befindet sich eine der ältesten Kneipen. Sie ist eine Mischung aus Dorfschenke und Postkutschenausspann. Hier verfaßte der von Syphilis geplagte Charles Baudelaire (1821–1867) seine Schmähschrift „Pauvre Belgique". Jan van Nijlen (1885–1965) schrieb vielleicht bei einem Glas des wohl hochprozentigsten belgischen Biers, einem *Bush* aus Tournai, folgenden Spruch: „Seit einem Jahrhundert wird weißer Sand zum Scheuern der Holzdielen benutzt. Alles ist alt, die Stühle und die Tische. Das ist mein wahres Zuhause."

Sonnige Stunden auf der Place du Grand Sablon

Belgisches Kartoffelstäbchen

Goldbraun müssen die belgischen Pommes frites aus der Pfanne oder Friteuse kommen. Nach dem Schälen der Kartoffeln teilt man sie in ein Zentimeter dicke, längliche Stäbchen. In einer Pfanne oder besser in der Friteuse wird Öl auf 160 °C erhitzt. Nun gibt man eine Handvoll vorbereiteter Kartoffelstäbchen hinein. Nach vier bis acht Minuten haben sie die erste Bräune. Man läßt sie für eine halbe Stunde auf Küchenpapier abtropfen. Anschließend kommen sie noch einmal für zwei Minuten in die Friteuse, die jetzt auf 190 °C aufgeheizt wird. Knusprig und goldgelb mit Salz, Sauce tartare oder Ketchup bekommt sie der Kunde über den Tresen gereicht. Guten Appetit!

Unterkunft

Wegen der regen Nachfrage ist frühzeitige Hotelbuchung über *Belgian Tourist Reservations* (B. T. R, 111, avenue Anspach, B-1000 Bruxelles, ☏ 00 32 2/ 5 13 74 84, 📠 5 13 92 77) dringend anzuraten. Über B. T. R. können auch Hotels erfragt werden, die an Feiertagen, Wochenenden und in den Monaten Juli/August Spezialangebote für Übernachtungen im Doppelzimmer mit Frühstück (ab 3000 BEF pro Nacht) anbieten.

Midi Hotel Reservation (☏ 00 32 2/ 5 22 69 16, 📠 5 22 85 04) sucht bei telefonischer Reservierung von 10 bis 22 Uhr das für den jeweiligen Geldbeutel passende Hotel aus und bietet zudem ein Couponheft für den verbilligten Eintritt zu Sehenswürdigkeiten an. Auch das Fremdenverkehrsamt TIB (S. 93) vermittelt Hotelzimmer.

Stilvolle Nächte

Le Métropole, 2, place de Brouckère, B-1000 Bruxelles, ☏ 2 17 64 50, 📠 2 18 02 40; Ⓜ De Brouckère. Zentral gelegenes Luxushotel, das 1895 seine ersten Gäste mit dem üppigen Luxus des Fin de siècle willkommen hieß. Im Gästebuch finden sich Unterschriften von gekrönten Häuptern, von Bühnen- und Filmstars. Albert Einstein war hier ebenso Gast wie Enrico Caruso oder Alain Delon. Das Haus mit 410 stuckgeschmückten Zimmern hat ein eigenes Fitneßzentrum. Im Restaurant „L'Alban Chambon" speist man exquisit à la carte. $$$

New Hotel Siru, 1, place Rogier, B-1210 Bruxelles, ☏ 2 17 75 80, 📠 2 18 33 03. Dieses Hotel ist ein Gesamtkunstwerk. Belgische Maler haben jedes Zimmer des 1932 erbauten Hotels individuell gestaltet. In einem wacht Cupido über die Schlafenden, in einem anderen wartet die sitzende Marilyn neben dem Gästebett. $$$

Astoria, 103, rue Royale, B-1000 Bruxelles, ☏ 2 17 62 90, 📠 2 17 11 50. Pomp wie zu viktorianischen Zeiten. Das Hotel bietet preisgünstigere Spezialarrangements am Wochenende. $$$

Im Herzen der Stadt

Amigo, 1–3, rue de l'Amigo, B-1000 Bruxelles, ☏ 5 47 47 47, 📠 5 13 52 77. Aus dem ehemaligen Gefängnis entstand ein luxuriöses Domizil mit Mobiliar aus der Zeit Louis' XV. Wochenendspezialangebote, inklusive „Brussels Tourist Pass". $$$

Carrefour de l'Europe, 110, rue du Marché aux Herbes, B-1000 Bruxelles, ☏ 5 04 94 00, 📠 5 04 95 00. Modernes Hotel ohne besonders Flair. Wochenendpauschale mit Extras. $$$

Preiswerte Quartiere

Hotel Welcome, 5, rue du Peuplier, B-1000 Bruxelles, ☏ 2 19 95 46, 📠 2 17 18 87. Kleines Hotel mit nur sechs Zimmern am Marché aux Poissons (Fischmarkt). Familiäre Atmosphäre. Das Restaurant „La Truite d'Argent" im Haus ist für sein opulentes Hummermenü bekannt. $

Hotel Opéra, 53, rue Grétry, B-1000 Bruxelles, ☏ 2 19 43 43, 📠 2 19 17 20. Preisgünstig, zentral, einfach; Ⓜ Bourse. Am Wochenende 20 % Preisnachlaß. $

Hotel Galia, 15, place du Jeu de Balle, B-1000 Bruxelles, ☏ 5 02 42 43, 📠 5 02 76 19. Gemütliches Hotel mit 15 kleinen Zimmern. $

Privatunterkünfte

Bed & Brussels bietet private Doppelzimmer zwischen 1500 und 3300 BEF je Übernachtung an; bei einem Wochenaufenthalt reduzieren sich die Preise (mit Abholservice vom Flughafen oder Bahnhof). Gegen eine Gebühr von 500 BEF und eine Anzahlung von 1000 BEF (per Eurocheque) bucht *Taxistop* eine Übernachtung mit Frühstück im Privatzimmer bei mehrsprachigen Gastgebern, vermittelt auf Wunsch eine Mitfahrgelegenheit und sendet kostenlos den „B & B Benelux Guide" zu.

Bed & Brussels, 58, rue V.-Greyson, B-1050 Bruxelles, ☏ 6 46 07 37, FAX 6 44 01 14.

Taxistop, 28/1, rue Fossé aux Loups, B-1000 Bruxelles, ☏ 2 23 23 10, FAX 2 23 22 32.

Jugendherbergen

Das Brüsseler Jugendherbergswerk *Les Auberges de Jeunesse*, 52, rue Van Ost, B-1030 Bruxelles, ☏ 2 15 31 00, unterhält drei Jugendherbergen für Mitglieder. Reservierung (Mo–Fr): ☏ 2 15 31 0, FAX 2 42 83 56. Übernachtung mit Frühstück im Einzelzimmer 660 BEF, im Doppelzimmer 550 BEF.

Sleep Well, 23, rue du Damier, B-1000 Bruxelles, ☏ 2 18 50 50, FAX 2 18 13 13. Jugendhotel nahe der Rue Neuve; Ⓜ Rogier. Spartanische Ausstattung, hellhöriges Haus, wegen Zimmerreinigung tgl. 10–16 Uhr geschlossen. Doppelzimmer mit Frühstück 510 BEF pro Person.

Campingplätze

Die beiden Plätze in Stadtnähe verfügen über minimalen Komfort: Trinkwasser, kalte Dusche, WC.

Camping Grimbergen, Veldkantstraat 64, B-1850 Grimbergen, ☏ 2 69 25 97; 🚌 Die Linie G ab Gare du Nord. Schwimmbad und Restaurant in unmittelbarer Nähe.

Welcome, Kouterstraat 104, B-3090 Overijse, ☏ 6 87 75 77; 🚌 TEC EO ab Gare Quartier Léopold, inmitten des Weinanbaugebiets.

Das „New Hotel Siru" an der Place Rogier

Im Hotel „Le Métropole" logierten auch schon gekrönte Häupter

Suite im „Palace Hotel" an der Place Rogier

Spitzen oder Pralinen?

Ein Bummel über Prachtstraßen wie die Avenue Louise und durch die Passagen der Galeries Royales St-Hubert verführt unweigerlich zum Einkaufen. Die Geschäfte haben zwischen 9.30 und 18 Uhr, einige bis 20 Uhr geöffnet. In den Galeries Royales St-Hubert entdeckt man edle Lederwaren von Marie-Claire, köstliches Mandelgebäck und hochprozentigen Filliers-Genever bei Corné Toison d'Or. Ziel aller Liebhaber des gedruckten Wortes in der Galerie des Princes ist der stuckverzierte Buchladen „Tropisme". Rund um die Grand' Place findet man feine Klöppelspitze.

Wer seiner Vorliebe für zuckersüße Verführungen nicht wiederstehen kann, läßt sich hier Honigkuchen, Spekulatius und zartbittere Pralinen einpacken.

Wer jedoch erlesene Antiquitäten sucht, lenkt seinen Schritt zur Place du Grand Sablon. Dort gibt es alles von Art nouveau bis Art déco, von impressionistischen Landschaftsbildern bis zu orientalischen Teppichen. Auf der Avenue Louise zwischen Place Stéphanie und Place Louise kleiden Max Mara und Cartier die Damen in modischem Stil, zeigt La Scarpa den richtigen Schuh, sorgt Alain Figaret aus Paris für gutsitzende Hemden des Herrn von Welt. Den passenden Schlips findet der Mann in der Galerie Agora an der Maison des Ducs du Brabant (Grand' Place).

Brüsseler Spitze

F. Rubbrecht, 23, Grand' Place, ☏ 5 12 02 18. Spitzendecken, geklöppelte Grußkarten, schwarze Spitzenstolen, spitzenbesetzte Seidenblusen.
Manufacture Belge de Dentelles, 6–8, Galerie de la Reine, ☏ 5 11 44 77. Allerfeinste Klöppelarbeiten.

Gobelins Art, 10, rue Charles-Buls, ☏ 5 12 09 41. Gewebte Bildteppiche im Kleinformat nebst Bildteppichmotiven auf Akten- und Handtaschen.

Pralinen und Gebäck

Planète Chocolat, 57, rue du Midi, ☏ 5 11 07 55. Klassische Pralinen aus Zartbitterschokolade in futuristischen Formen.
Neuhaus, 25–27, Galerie de la Reine, ☏ 5 12 63 59. Schokolade in Schnecken- und Herzform, die, so verlangt es die Tradition, in grünem Glanzpapier und grünen Kästchen verpackt sind.
Godiva, 22, Grand' Place, ☏ 5 11 25 37. Edle Pralinen, so das herzförmige Cœur de Bruxelles mit Haselnußfüllung oder Golfbälle aus Schokolade.
Maison Dandoy, 14, rue Charles-Buls, ☏ 5 12 65 88. Belgisches Gebäck wie Bernardines aux Amandes und zuckrigsüßes Pain à la Grecque.

Belgisches Bier

Brasserie Cantillon, 56, rue Gheude, ☏ 5 21 49 28. Gueuze, Kriek, Framboise sowie Vigneron, ein Lambic, das mit belgischen Tafeltrauben aus Overijse verschnitten ist.
Bières Artisanales, 174, chaussée de Wavre, ☏ 5 12 17 88. 300 Biersorten im Angebot (z. B. Brugse Triple, Vondel, Chimay, Goudenband).

Antiquitäten und Kunst

Philippe Denys, 1, rue des Sablons, ☏ 5 12 36 07. Alles à la Art déco, ob Teeservice oder Standuhr, Kerzenleuchter oder Silberbesteck.
Cento Anni, 31, place du Grand Sablon, ☏ 5 14 56 33. Silberwaren, Flacons, Vasen und Schalen aus farbigem Milchglas und mit floralen Verzierungen im Stil des Art nouveau.
Eric Brodeoux, 36, place du Grand Sablon, ☏ 5 14 50 13. Ausgesuchtes Mobiliar aus hellen Hölzern à la Art nouveau und Art déco.

Papiers d'Antan, 19, rue de l'Hôpital, ☏ 5 11 24 70. Das Mekka für Papiersammler: Schachteln, Dosen, Etiketten sowie Reklameplakate für „Le Soleil" und „Reine de Dijon".
Coudenberg, 39, place du Grand Sablon, ☏ 5 14 54 53. Alte Kupferstiche und Neue Wildheit auf handgeschöpftem Bütten.
Galerie St-Jacques, 5, impasse St-Jacques, ☏ 5 02 64 21. Surreal-naive Gouachen und Aquarelle; spezialisiert auf Vertreter der Gruppe Cobra wie Pierre Alechinsky und deren kreative Nachfolger.
Patrick Derom Gallery, 1, rue aux Laines, ☏ 5 14 08 82. Für Kenner des belgischen sozialen Realismus und

Leckereien aus der Kakaobohne

Die ersten Pralinen entstanden durch das Mißgeschick eines Küchenjungen, der im Dienste des Herzogs du Plessis-Praslin stand. Ihm fiel eine Schüssel mit geschälten Mandeln zu Boden, auf die versehentlich heißer Zucker tropfte. Die Zucker-Mandel-Masse wurde dem wartenden Herzog als „Praslin" zum Nachtisch gereicht. Es dauerte jedoch bis zum Beginn des 19. Jhs., als die ersten Schokoladentafeln und die ersten belgischen Pralinen aus Kakaopulver und -butter, Zucker und Milch hergestellt wurden.

Bis heute widmet sich das 1857 vom Schweizer Jean Neuhaus in Brüssel gegründete Unternehmen gleichen Namens der hohen Kunst handgemachter Pralinen mit dem Monogramm N, deren Kreation in einer Süßwarenhandlung in der Galerie de la Reine ihren Anfang nahm. Gourmets können bei Neuhaus zwischen 65 Sorten mit ausgefallenen Füllungen wie Trüffel mit Mandelraspeln wählen. Pralinen aus dunkler Schokolade veredelt mit Grand Marnier oder Marzipancreme werden von Godiva an der Grand' Place mit wohlklingenden Namen wie „Fabiola" und „Hamlet" verwöhnten Süßmäulern in herzförmigen Schachteln angeboten. Galler hingegen vertraut auf klassische Schokoladentafeln aus weißer und Bitterschokolade mit Mandelfüllung.

Nur bei Frank Duval im „Planète Chocolat" (Rue du Midi/Rue du Lombard) kann man bei der Herstellung von Pralinen zusehen: Im ersten Stock befindet sich ein kleiner, sorgsam mit aktueller Kunst eingerichteter Salon für den Genuß einer heißen Schokolade und überaus köstlicher Schokoladencremetorte, unten der Arbeitsplatz mit zwei Rührmaschinen, unzähligen Kunststofformen und Blechen für frische Pralinen. Dabei nimmt Frank Duval für seine eßbaren Verlockungen bewußt Abschied von traditionellen Formen wie Schneckenhäusern und Kugeln, die aus den Anfängen der Pralinenherstellung stammen. An der Schwelle zum nächsten Jahrtausend entstehen schokoladene Pyramiden, ineinander verschachtelte Muschelschalen, Schokoladenschlapphüte und zugunsten eines Hilfsfonds für verarmte peruanische Bauern der Abguß einer Indiogottheit.

Flanieren unter prunkvollen Dächern

Die ersten Einkaufspassagen in Europa entstanden 1786 in Paris. Der Neffe von Louis XIV, der französische Regent Philippe de Orléans, verkaufte, um seinen aufwendigen Lebensstil zu finanzieren, einen Teil des königlichen Schloßgartens. Dort errichtete man Arkaden aus Holz und Glas, die europäische Interpretation des orientalischen Marktes, des Basars. Diese Galeries de Bois, waren „ein Paradies für Taschendiebe und Händler, nicht zu vergessen die Buchliebhaber, Theatergänger", schrieb ein Chronist.

Brüssel, die Hauptstadt des jungen Belgien, solle Paris nicht nachstehen, argumentierte 1838 der Architekt Jean Pierre Cluysenaar für den Bau einer überdachten Einkaufsstraße mitten in der Altstadt. Dank der Fürsprache König Léopolds wurden 1845–1847 die 213 m langen und 18 m hohen Galeries Royales St-Hubert erbaut.

Unter dem tonnenförmigen Glasdach und hinter der dreistöckigen Fassade, die mit Rundbögen, Doppelsäulchen, Pilastern, Säulenbalustraden und Allegorien auf Industrie und Handel repräsentativ gestaltet wurde, verbergen sich vom Keller bis zum Dachboden sechs Ebenen für Wohnungen, Theater, Geschäfte und Cafés. Das „Café des Arts" in den königlichen Passagen wurde zum Treffpunkt französischer Schriftsteller, die wie Alexandre Dumas, Verfasser des Romans „Der Graf von Monte Christo", nach dem Staatsstreich von Napoléon III 1851 nach Brüssel geflüchtet waren. Heute entspannen an gleicher Stelle, nun unter dem Namen „Taverne du Passage", Brüssel-Besucher bei einem Milchcafé – in Belgien *Lait russe* und *Koffie verkeerd* genannt.

Die Passagen, die das Bummeln bei jedem Wetter angenehm machen, kamen gegen Mitte des 19. Jhs. in Mode. 1848 entstand an der Rue de la Madeleine die 65 m lange **Galerie Bortier** mit marmorgefaßten Gußeisendekors unter dem bogenförmigen Glasdach. Die in einem Bogen auf die Rue St-Jean zulaufende Passage ist eine Fundgrube für Freunde antiquarischer Bücher.

Die 1881 erbaute **Passage du Nord** bildet eine überdachte Verbindung zwischen dem Boulevard Adolphe-Max und der Rue Neuve. Acht Karyatiden schauen auf diejenigen hinab, die sich hier mit zartbitterer Schokolade von „Neuhaus" den Alltag versüßen. Vier kindliche Puttigruppen, die den Tag und die Nacht darstellen, halten gußeiserne Kandelaber, die nachts der Passage am Boulevard Adolphe-Max mattes Licht spenden.

Neoimpressionismus sowie der Arbeiten von Theo van Rysselberghe, Rops und Meunier ein besonderer Tip.

Wolfer, 82, avenue Louise. Edles Schmuckgeschäft der Familie Wolfer (S. 76).

Bücher und Comics

Chapitre XII, 12, avenue de Klauwaerts, ☏ 6 40 51 09. Im Art-nouveau-Viertel; Lesungen zeitgenössischer, französischsprachiger Autoren.

Slumberland, 20, rue de Sables, ☏ 2 19 19 80. Die Bücher des belgischen Comics von Gaston bis Tintin und von Lucky Luke bis Marsupilami befindet sich im Untergeschoß des Comic-Museums.

Gutenberg-Buchhandlung, 34, rue de Louvain, ☏ 5 12 45 10. Große Auswahl an deutschsprachiger Reiselektüre. Unweit des Palais de la Nation.

De Slegte, 17, rue des Grands Charmes, ☏ 5 11 61 40. Modernes Antiquariat besonders zu Kunst und

Geschichte Belgiens, zudem fremdsprachige Literatur, auch Buch-Suchdienst für bis zu 20 Titel.

Bande des Six Nez, 179, chaussée de Wavre, ☏ 5 13 72 58. Neue und atiquarische Comics.

Fil à Terre, 198, chaussée de Wavre, ☏ 5 02 07 10. Riesenauswahl an Comics, mit Lesesaal und kleiner Bar.

Die richtige Adresse für antiquarische Bücher ist die Galerie Bortier

Musik

Arlequin, 7, rue du Chêne, ☏ 5 14 54 28. Gut erhaltene gebrauchte Platten und CDs von Klassik bis Techno, von Cool bis Modern Jazz.

FNAC City 2, Rue Neuve, ☏ 2 19 18 76. Riesige Musikabteilung mit belgischem Jazz von Aka Moon bis Toots Tielemans und flämischen Chansons von Vermandere bis Johan Verminne.

La Boîte à Musique, 17, rue Ravenstein, ☏ 5 13 09 65. Schwerpunkt klassische Musik.

Jeden Morgen findet auf der Grand' Place der farbenprächtige Blumenmarkt statt

Märkte

Grand' Place: ⏲ Di–So 8–18 Uhr Blumenmarkt vor der Maison du Roi; ⏲ So 7–14 Uhr Vogelmarkt vor dem Hôtel de Ville.
Place du Jeu de Balle: ⏲ tgl. 7–14 Uhr. Flohmarkt für Schnäppchen, ob Gelsenkirchener Barock oder Designer-Sonnenbrillen
Grand Sablon: ⏲ Sa 9–18, So 9–14 Uhr. Gediegene Antiquitäten aus Silber und Messing für zahlungskräftige Kunden.
Gare du Midi: ⏲ So 6–13 Uhr. Der exotische Obst- und Gemüsemarkt versorgt die levantinischen, maghrebinischen, schwarzafrikanischen und kleinasiatischen Zuwanderer mit Papaya, Okra, Maniok, Hirse und Sternfrüchten.

Flohmarkt auf der Place du Jeu de Balle

Brüssel bei Nacht

Veranstaltungspogramm

Zweimal monatlich ist die deutschsprachige „Brüsseler Rundschau“ mit einem Veranstaltungskalender, der von klassischer Musik bis Theater, Tanz und Folklore reicht, in einigen wenigen Zeitungsläden der Innenstadt, so in der Galerie Ravenstein, erhältlich. Größere Verbreitung hat das donnerstags erscheinende, englischsprachige Magazin „Bulletin“. In der umfangreichen Beilage findet man unter „What's on?“ Hinweise auf Ausstellungen, Theater, Kinos, Popkonzerte und Jazzklubs in Brüssel, Antwerpen, Gent und Brügge.

Englischsprachig ist auch das in Kneipen ausliegende, kostenlose Monatsmagazin „Citylife“ mit einer ausführlichen Programmübersicht von Kino bis Gay.

Die Flämische Gemeinschaftskommission und das Ministerium der Flämischen Gemeinschaft geben donnerstags das kostenlose Informationsblatt „Deze Week in Brussel“ mit umfangreichem Veranstaltungskalender heraus. Es liegt bei TIB, in Musikcafés und Kneipen aus.

Gedruckt und über das Internet (http:\\www.best.be\ArtAgenda\) informiert das monatliche französisch-niederländische Magazin „Babel“ mit seiner Agenda für Kunst und Unterhaltung. In der niederländischsprachigen Tageszeitung „Het Nieuwsblad“ hilft der „Buitenbeen Kalender“ bei der Zusammenstellung des eigenen Abendprogramms.

Wer sich besonders für bildende Kunst und Ausstellungseröffnungen interessiert, schaut in die Programmhefte „Art Expo“ und „Art Now Gallery Guide“. An Jazzliebhaber wendet sich das zweimonatliche, französische Magazin „j@zz@round“ mit Konzert- und Plattenkritiken sowie Klubterminen.

Kartenvorverkauf

TIB, Grand' Place, B-1000 Bruxelles, ☎ 5 13 89 40, Fax 5 14 45 38; ⏲ wochentags 9–18 Uhr.

Theater und Konzerte

Toone-Theater, Impasse Schuddeveld, B-1000 Bruxelles, ☎ 5 11 71 37 oder 5 13 54 86; Ⓜ Bourse. Im 1830 gegründeten Marionettentheater, heute unter Leitung von José Geal, stehen eingängige Volksstücke wie „Die drei Musketiere“ in Französisch/Niederländisch, gelegentlich auch Goethes „Faust” in Deutsch, auf dem Spielplan. In allen Stücken tritt das Brüsseler Kasperle auf, der freche Bengel Woltje mit Schiebermütze und Pepitakostüm, und sorgt mit seinen vorwitzigen und tiefsinnigen Kommentaren für Lacher im Publikum.

Théâtre Varia, 78, rue du Sceptre, ☎ 6 40 82 58; Kasse: ⏲ Di–Fr 11.30–14, 16.30–19, Sa 16.30–19 Uhr; Bus 34, 95, 96. Theater mit Café, das sich als belgisch in Europa, aber auch ganz europäisch in Belgien versteht.

Théâtre Royal du Parc, 3, rue Arts-Loi, B-1000 Bruxelles, ☎ 5 12 53 43, Reservierungen: ☎ 5 11 41 47; Kasse: ⏲ tgl. 11–18 Uhr; Ⓜ Parc. Moderne Dramen und heitere Bühnenstücke.

Théâtre du Rideau de Bruxelles, 23, rue Ravenstein, ☎ 5 07 83 60; Kasse: ⏲ Mo–Sa 11–18 Uhr; Ⓜ Centrale, Parc. Das Ensemble spielt klassisches und modernes frankophones Theater im Palais des Beaux-Arts.

Nationale Opéra, Place de la Monnaie, ☎ 2 29 12 11; Kasse: ⏲ Di–Sa 11–18 Uhr, Ⓜ De Brouckère. Die Wiege der belgischen Unabhängigkeit ist Kulisse für Oper, Ballett und das experimentelle Tanztheater der Choreographin Anne Teresa De Keersmaeker.

Live-Musik

Le Paradoxe, 329, chaussée d'Ixelles, ☏ 6 49 89 81; 🚌 71; Tram 81, 82. Am Wochenende gibt es zum vegetarischen Dinner Chansons, ungarischen Zigeunerweisen, Sambarhythmen oder New Orleans Jazz.
Preservation Hall, 4, place de Londres, ☏ 5 02 15 97; 🚌 34, 80; 🕓 ab 21 Uhr beschwingter Dixie, Swing und New Orleans Jazz.
Chez Lagaffe, 4, rue de l'Epée, ☏ 5 11 76 39. Unweit des Palais de Justice; 🚌 20, 48; 🕓 tgl. ab 21 Uhr, Di und Sa ab 21 Uhr Jazz der unterschiedlichsten Stilrichtungen.
Travers, 11, rue Traversère, ☏ 2 18 40 86; Ⓜ Botanique; Tram 92, 93, 94. Das familiäre Ambiente eines Wohnzimmers ist Bühne für europäische Jazzmusiker wie Yuri Honing und Peter Hertmans.
Exito13, Rue Haute, ☏ 5 11 00 38, Reservierungen: ☏ 5 34 22 00; 🚌 20, 48. Am Rande des Marollen-Viertels liegt dieser Treffpunkt. Es zeichnet sich als eine Mischung aus Bistro, Café und Restaurant aus. Ab 20.30 Uhr gibt es zum Menü (900 BEF) Salsa und Samba mit Alfredo de la Fe, hin und wieder auch lyrischen Jazz und Auftritte des Harmonikajazzers Toots Tielemans.
Sounds, 28, rue la Tulipe, ☏ 5 12 92 50; 🚌 80. Kleine Musikhalle mit Bühne für das Brussels Jazz Orchestra und die Afra Sound Stars aus Angola. Das Lokal ist dekoriert mit Veranstaltungsplakaten und zahlreichen Fotos von Jazzmusikern.
Espace Senghor, 366, chemin de Wavre, ☏ 2 30 31 40; 🚌 34. Multikultureller Veranstaltungsort für arabische Nächte mit Rai, griechisches Theater, Sahelwirbel und moderne Tanzschritte.
La Dolce Vita, 13, rue Middelbourg, ☏ 6 72 02 63; Tram 94; 🚌 41. Klassische Konzerte für Gitarre und Violine, Canta Brazil und Gospels, dazu Paella, Pizza, Polenta und Gambas dolce vita.

Die Grand' Place im Zauber der abendliche Festbeleuchtung

Klassische Opernaufführungen aber auch experimentelles Tanztheater werden in der Nationale Opéra geboten

Reisewege und Verkehrsmittel

Anreise

Per Flugzeug

Lufthansa und SABENA fliegen von Berlin, Dresden, Leipzig, Frankfurt/M., Hamburg, Stuttgart, Nürnberg, München, Salzburg und Wien direkt nach Brüssel.

Der Flughafen Bruxelles-International liegt 14 km außerhalb der Stadt in Zaventem. Der Airport City Express erreicht dreimal stündlich nach 20 Minuten zunächst den Gare du Nord, wenig später den Gare Centrale und Gare du Midi.

Per Bahn

Im Stundentakt erreicht man ab Köln und Aachen mit dem IC Köln–Bruxelles–Oostende die belgische Hauptstadt. Reisende aus dem süddeutschen Raum und der Schweiz gelangen über Basel, Straßburg und Trier sowie Luxemburg und Namur nach Brüssel.

Mit dem EuroNight „Donauwalzer" reist man von Wien aus nachts über Linz nach Brüssel. Ein weiterer Nachtzug fährt über Klagenfurt, Salzburg und München nach Brüssel. Auskünfte erteilen die Belgischen Eisenbahnen (Goldgasse 2, D-50668 Köln, ☎ 02 21/ 13 47 61, FAX 13 27 47).

Per Bus

Regelmäßige Linienbusse von Eurolines Continentbus (Adenauerallee 78, D-20097 Hamburg, ☎ 0 40/24 71 06, FAX 2 80 21 27) pendeln auf der Linie ZOB Hamburg–Brüssel (Gare du Nord).

Linienbusse: München (Containerbahnhof) – Brüssel und Frankfurt/M. (Hbf.)–Brüssel (Gare du Nord) betreibt die Deutsche Touring (Am Römerhof 17, D-60486 Frankfurt/M., ☎ 0 69/ 7 90 32 48).

Per Auto

Autobahnen: E 5 Aachen–Liège–Bruxelles, die E 9 Maastricht–Eindhoven–Liège; E 38 Eindhoven–Breda; E 10 Breda–Antwerpen–Brüssel.

Die zulässige Höchstgeschwindigkeit auf belgischen Autobahnen beträgt 120 km/h, auf zweispurigen Nationalstraßen 90 km/h und innerorts 50 km/h. Promillegrenze: 0,5.

In Brüssel

Mit dem Auto

Einbahnstraßenregelungen, Staus, wenig Parkraum, teure Parkuhren und kostspielige Parkhäuser lassen es ratsam erscheinen, das Auto für die Dauer des Aufenthalts in der Hotelgarage abzustellen. Wer auf den Wagen nicht verzichten kann, muß wissen, daß Straßenbahnen immer Vorfahrt haben.

Autofahrer müssen immer am Zebrastreifen anhalten. Aber erst nachdem der Fußgänger mit dem Fahrer Blickkontakt aufgenommen hat, sollte er die Straße überqueren.

Mit dem Taxi

Taxis in der Region Brüssel-Hauptstadt haben ein Kennzeichen auf dem Dach, das außer dem beleuchteten Schriftzug „Taxi" den Zusatz „Region de Bruxelles" und „Brussels Gewest" trägt.

Taxirufe
Taxis Bleus: ☎ 2 68 00 00.
Taxis-radio bruxellois Orange: ☎ 5 11 22 33.
Taxis Verts: ☎ 3 49 49 49.

Mit Métro, Tram, Bus

MIVB/STIB (20, galerie de la Toison d'Or, B-1060 Bruxelles, ☎ 5 15 20 00) betreibt den Großteil des Nahverkehrs. Innerhalb des Stadtgebiets halten auch

Pendlerzüge der Belgischen Eisenbahnen (SNCB). Überlandbusse von TEC und DeLijn, verkehren zu den Ausflugszielen wie dem Nationale Plantentuin (Nationaler Botanischer Garten) in Meise (DeLijn), dem Kasteel van Gaasbeek (Schloß von Gaasbeek) im westlich von Brüssel gelegenen Pajottenland (DeLijn) und dem Druivenmuseum (Traubenmuseum) in Overijse (TEC).

41 Buslinien gibt es in Brüssel

Drei Métro-, 15 Straßenbahn- und 41 Buslinien verbinden die 19 Brüsseler Gemeinden. Die Fahrscheine – Einzelfahrt 50 BEF, Fünferkarten 230 BEF, Zehnerkarten 310 BEF – sind eine Stunde gültig und erlauben das Umsteigen. Tageskarten für das Stadtnetz (125 BEF) kann man von Mo bis Fr 8.30–17.15 und Sa 9.15–17.15 Uhr in den MIVB/STIB-Verkaufsbüros der Stationen Rogier, Porte de Namur und Gare du Midi erwerben.

Alltägliches Verkehrsgewühl auf der Place Royale

ℹ MIVB/STIB: ☏ 5 15 20 00;
Belgische Eisenbahnen: ☏ 2 03 36 40;
TEC: ☏ (0 10) 48 04 04;
DeLijn: ☏ 5 26 28 28.

Mit dem Fahrrad

Brüssel ist wenig fahrradfreundlich, denn nur entlang der Avenue Tervuren und am Canal de Willebroek gibt es ausgebaute Radwege. Nach ehrgeizigen Plänen von Pro Velo und der amtierenden Regionalregierung sollen bis zur Jahrtausendwende 19 Radrouten mit einer Gesamtlänge von 228 km entstehen. Vorrangig Routen wie Uccle–Porte de Ninove und Auderghem–Grand' Place. Mit gesicherten Stellplätzen an Métrostationen wird für „Velo+Métro" geworben.

Neben Pro Velo (32 a, rue E.-Solvay, ☏ 50 92 73 55, FAX 5 02 86 41) organisiert der Brüsseler Radklub im Sommer „De Wilde Pedal" (c/o Rohnny Buyers, 48, rue Ph.-de-Champagne, ☏ 5 12 65 07, FAX 5 12 57 50) ausgedehnte Radtouren.

Eingangsbereich der Métrostation Gare de l'Ouest

Weg 1

Seite 50

Zum Auftakt ein Weltkulturerbe

Bourse – *** Grand' Place – ** Hôtel de Ville – * Manneken Pis – ** Galeries Royales St-Hubert – ** Cathédrale St-Michel

Die barocke Grand' Place ist seit Jahrhunderten stolzer Mittelpunkt der Stadt. Marktplatz, Festplatz, Gerichtsplatz – der Große Platz hat Geschichte und Geschichten erlebt! Alle zwei Jahre hüllt er sich in ein Festgewand, wenn für ein paar Tage im August ein riesiger bunter Blumenteppich ihn mit Tausenden von Blüten schmückt. Und sonst: Zur Hochsaison leiten Fähnchen schwingende Reiseleiter ihre vielsprachigen, internationalen Besuchergruppen über den Platz. Ein paar Punks haben es sich auf den Stufen der Maison du Roi bequem gemacht. Kinder in Pfadfinderkluft, aus der Provinz zu Besuch in die Hauptstadt gekommen, toben auf der Löwentreppe des Rathauses.

An lauen Abenden zechen Gambrinus-Jünger ausgelassen im „Le Cerf" und vor der Maison des Ducs du Brabant. In den frühen Morgenstunden gehört der Platz orangegekleideten Saubermännern. Und sonntags erklingt in aller Herrgottsfrühe das vielstimmige Gezwitscher der gefiederten Gesellen vom Vogelmarkt. In den Gäßchen und Straßen rund um Brüssels historische Mitte verlocken Mandelplätzchen und Pralinen zum Naschen. Trauben von Menschen scharen sich um den bronzenen Manneken Pis. Unbeeindruckt von all dem Trubel nehmen die Geldgeschäfte der nahen Börse ihren Lauf. Im historischen Zentrum der Stadt unterwegs zu sein, kann Stunden und Tage füllen ...

Als Ausgangspunkt des abwechslungsreichen Streifzugs wählt man am besten die zentrale Métrostation Bourse. Das „Falstaff" oder das „Cirio", Cafés des Fin de siècle und des Art nouveau, die in stilvollem Ambiente das süßliche Kirschbier *Kriek* servieren, könnten den Auftakt bilden. Nicht zu übersehen ist die **Bourse** ❶ mit dem monumentalen Säuleneingang. Steinerne Löwen blicken auf jung-dynamische Börsenmakler, die mit federndem Schritt die Stufen emporeilen. Der Tempel des schnöden Mammons steht an der Stelle, wo 1238 das Kloster des Franziskaner-Bettelordens der Rekollekten erbaut wurde. Unter der *Rue de la Bourse* wird mit **Bruxella 1238** ❷ mittelalterliche Klostergeschichte sichtbar. Überglast sind die Ausgrabungen des gotischen Chores der Klosterkirche (13. Jh.) und die Grabkammern aus Backstein von Johann I., Herzog von Brabant, der 1294 bei einem Turnierwettkampf in Burgund ums Leben kam. Zum Brunnen des zwischen 1831 und 1871 bestehenden Buttermarktes und den barocken Resten der 1799 abgebrochenen Kirche kommt allerdings nur, wer eine Führung durch dieses unterirdische Museum vereinbart. Klösterliches Leben wird dabei leider nicht einmal audiovisuell erlebbar (🕓 auf Anfrage unter ☎ 2 79 43 50; Mo, Di, Do, Sa/So 10–12, 13.30–16 Uhr.)

Im 11./12. Jh. entstand die **Eglise St-Nicolas** ❸, die von Brüsseler Kurzwarenhändlern gestiftet wurde. Die Kirche besitzt sogar einen echten Rubens, das Gemälde einer bäuerlichen Muttergottes mit schlafendem Kind. Doch um die bedeutenden Werke des aus Siegen stammenden flämischen Barockmalers Pieter Paul Rubens (1577–1640) bewundern zu können, muß man nach Antwerpen fahren. Im dortigen Königlichen Museum der Schönen Künste und im Rubenshaus ziehen seine vollbusigen und breithüftigen Schönheiten die Besuchermassen in ihren Bann.

Rings um die Kirche heißt es hier erst einmal anderen Verlockungen zu widerstehen. An die alten Mauern lehnen sich kleine Lädchen, die Brüsseler Waffeln, Weißwürstchen aus dem Pajottenland, Ardenner Schinken und Käse aus der Bretagne feilbieten. In den angrenzenden sog. Freßgassen sind all die anderen Köstlichkeiten auf Tischen vor den Lokalen verführerisch ausgebreitet. Und der Duft frisch zubereiteter Miesmuscheln mit Fritten macht Appetit.

Ungeachtet der Gaumenfreuden ist die von der UNESCO zum Weltkulturerbe ernannt barocke ***** Grand' Place,** das wichtigste Ziel aller Touristen. Dem weitsichtigen Bürgermeister Charles Buls ist es zu verdanken, daß dieses einmalige städtebauliche Ensemble mit dem reich verzierten gotischen Hôtel de Ville und den verspielten Giebeln der Brüsseler Gildehäuser im späten 19. Jh. vor der Spitzhacke bewahrt wurde. Bereits im 12. Jh. war der unregelmäßig gestaltete Platz mit den Ausmaßen 110 mal 68 m ein Ort geschäftigen Handels und Feilschens. Tuche aus flandrischem Flachs und englischer Wolle wechselten hier ihre Besitzer. Brot, Fleisch, Heringe, Butter und Gewürze wanderten vom Markt in die Kochtöpfe der Nachbarschaft. Die Namen der Straßen rund um die Grand' Place, wie *Rue des Bouchers,* die Straße der Fleischer, oder *Rue au Beurre,* die Butterstraße, sind bleibende Erinnerung an das muntere Treiben auf dem Großen Platz, den die Flamen zutreffend *Grote Markt* (Großer Markt) nennen.

Die wachsende Nachfrage nach Tuchen und der seit dem 14. Jh. erfolgreiche Handel mit England, Italien und Spanien brachten den Zünften Reichtum, ohne den sie sich ihre aufwendigen Versammlungshäuser nicht hätten leisten können. Vor dieser prachtvollen Kulisse huldigten die Brüsseler Bürger 1549 Kaiser Karl V. (S. 22). An gleicher Stelle wurde aber auch 1568 das Blutgerüst errichtet, um die Grafen Egmont und Hoorne, die für die Freiheit der damaligen Niederlande von der spanischen Schreckensherrschaft kämpften, öffentlich zu enthaupten.

Ein monumentaler Portikus schmückt die Börse

Kleine Lädchen lehnen sich an die Mauern von St-Nicolas

1
Seite 45

1

Seite 45

Einem Feuermeer glich der Große Platz, als am 13. und 14. August 1695 aus französischen Geschützen ein wahrer Kugelregen auf die Stadt fiel. Das Haus der Fettmacher, „La Brouette", an der Schubkarre über dem Eingang zu erkennen, blieb als einziges Zunfthaus nahezu unversehrt. Fünf Jahre dauerte es, ehe die Formenvielfalt des Platzes wiederhergestellt war. Heute funkeln an einer Seite mit Blattgold belegte Zierurnen und Girlanden, an der anderen ein Posaune spielender Engel. Versteinert blicken römische Kaiser auf die Menge unter ihnen. Pfeiler mit vergoldeten Kapitellen schmücken die Fassade des einen, gedrehte Säulchen die eines anderen Hauses. Reliefs und Medaillons über den Hauseingängen verraten den Namen der jeweiligen Zunfthäuser, Statuen an Eingängen und Giebeln repräsentieren die Schutzpatrone der Zünfte.

An der Westseite wacht der hl. Nikolaus mit goldenem Bischofsstab auf dem Haus der Kurzwarenhändler, **Le Renard,** über die Geschicke jener Zunft. Namenspate ist das Relief des im Eingang sitzenden Fuchses. Vielleicht hielten sich ja die Kurzwarenhändler auch für so schlau wie Reineke Fuchs! Nebenan gleicht der Giebel des Hauses der Schiffer, **Le Cornet,** dem Heck einer mächtigen Galeone, die durch die Wellen des Meeres gleitet. Nicht nur in Italien wurden Romulus und Remus von einer Wölfin gesäugt. Auch das Haus der Bogenschützengilde wird von einer säugenden Wölfin, **La Louve,** geschmückt. An den säulen- und pfeilerverzierten goldenen Fassaden von **Le Sac** („Der Sack") und **La Brouette** („Die Schubkarre") vorbei kommt man zum Haus der Bäcker, das merkwürdigerweise **Le Roi d'Espagne** („König von Spanien") genannt wird. Auf dessen schmuckem Kuppelturm scheint beifallheischend eine goldene Nymphe Pirouetten zu drehen.

Einem italienischen Palazzo gleicht die **Maison des Ducs du Brabant** gegenüber, an der Ostseite der Grand' Place. Hinter einer von flachen Wandpfeilern gegliederten Fassade mit 19 Büsten der Herzöge von Brabant verbergen sich gleich sechs Zunftsitze, darunter *La Fortune* (Nr. 15.), *Le Moulin à Vent* (Nr. 16) und *La Colline* (Nr. 18). Steinmetze, Wagner und Zimmerleute, die u. a. die Windmühle zu ihrem Hauszeichen machten, kamen hier zusammen.

Zwei schmale Straßen, die *Rue des Chapeliers* und die *Rue de la Colline,* führen unmittelbar daneben weg von der Grand' Place. Eine der beiden Gassen, welche ist ungeklärt, war vor mehr als 100 Jahren Schauplatz eines Eifersuchtsdramas. Der französische Dichter Paul Verlaine und Arthur Rimbaud damals in einer stürmischen Beziehung lebend, gehörten zu den zahlreichen Intellektuellen, die es wegen der in der Verfassung verbrieften Freiheit der Presse und Kunst 1871 in das noch junge Belgien zog. Häufig trennten sie sich und versöhnten sich wieder. Der 10. Juli 1873 war für beide ein verhängnisvoller Tag. Verlaine schoß mitten auf der Straße auf seinen Freund. Die Tatwaffe hatte er wenige Stunden zuvor bei einem Büchsenmacher in den nahen Galeries Royales St-Hubert gekauft. Rimbaud wurde von sechs Schüssen verwundet. Nach Verbüßung einer zweijährigen Haftstrafe zog sich Verlaine als gebrochener Mann nach Paris zurück, wo er bis zu seinem Tode 1896 ein Leben zwischen Bordellen und Kneipen verbrachte.

Victor Hugo, Schöpfer des „Glöckners von Notre-Dame" und Zeitgenosse der beiden hatte der Staatsstreich von Napoléon III im Jahr 1851 in die liberale belgische Hauptstadt verschlagen. Zuerst kam er hinter dem Brüsseler Rathaus in der *Rue de Violette* unter. 1852 wurde das einstige Haus der Malergilde, **Le Pigeon** (Nr. 26/27), wo heute „Old Brussels Lace Shop" feine Spitze verkauft, seine Bleibe. Wegen einer Schmähschrift gegen Napoléon III wurde Victor Hugo dann aus Belgien ausgewiesen und schiffte sich umgehend nach Guernsey ein.

1

Seite 45

Und immer wieder zieht es den Besucher auf die Grand' Place

An der Südseite der Grand Place grüßt der steinerne Karl von Lothringen hoch zu Roß. Er thront oben auf dem Zunfthaus der Brauer, **L'Arbre d'Or** („Goldbaum"), dem heutigen Sitz der belgischen Brauereivereinigung. In seinen Kellergewölben wurde das **Musée de la Brasserie** eingerichtet. Kein Duft von Bierwürze füllt mehr das ehemalige Sudhaus. Die blanken Braukessel sind leer und nur Staffage. Kein Braumeister verkostet in Fässern eingelagertes *Lambic*. Die mehrsprachige Videoanimation über die noch bestehenden 106 Brauereien des Landes, in denen *Lambic, Gueuze* und *Blanche de Namur* gebraut werden, hinterläßt einen schalen Geschmack, den auch das kostenlos ausgeschenkte Glas Bier nicht hinunterspült (🕓 tgl. 10–17 Uhr; 1. Jan. und 25. Dez. geschl.).

Das Zunfthaus der Schneider: La Chaloupe d'Or

Gourmets lassen sich nebenan im Restaurant des gleichnamigen Hauses **Le Cygne** („Der Schwan") verwöhnen, über dessen Eingang ein steinerner Schwan stolz seine Flügel spreizt; wahrlich für die Zunft der Fleischer eine seltsame Reklame. Nichts deutet darauf hin, daß der deutsche Journalist und Philosoph Karl Marx nach 1845 einige Zeit hier lebte. Wegen kritischer Artikel war der Chefredakteur der „Rheinischen Zeitung" auf Betreiben Preußens aus Paris ausgewiesen worden. Nach Brüssel durfte er nur nach dem Versprechen einreisen, sich nicht zu tagespolitischen Ereignissen zu äußern. So reflektierte er über „Ein Gespenst geht durch Europa, das Gespenst des Kommunismus", die Anfangszeilen des Kommunistischen Manifests, das er 1847 gemeinsam mit Friedrich Engels im „Schwan" niederschrieb und das ein Jahr später veröffentlicht wurde.

Le Roi d'Espagne, Residenz der Könige von Spanien

Der schattige Säulengang von **L'Etoile** („Der Stern") wird durch das Aufflackern von Blitzlichtern erhellt. Objekt fotografischer Begierde ist die

1

Seite 45

bronzene Plastik des sterbenden Schöffen Everardt Serclaes. Er mußte seine Loyalität zu Brabant mit dem Leben bezahlen. Eine Bronzeplatte schildert den Einfall flandrischer Truppen in das brabantische Brüssel und deren Vertreibung durch eine Hundertschaft wehrhafter Bürger mit Everardt Serclaes an der Spitze. In diesem Falle hatte Heiratspolitik als Mittel von Gebietsgewinnen versagt. Der flandrische Graf Lodewijk van Maele, mit Margarete von Brabant verheiratet, versuchte mit dem Überfall, seine Schwägerin Johanna III., rechtmäßige Erbin des Herzogtums Brabant, zu verdrängen. Der tapfere Schöffe wurde 1388 Opfer von Meuchelmördern, die im Auftrag des Grafen handelten. Brüsseler Bürger fanden den Sterbenden unweit der Grand' Place und brachten ihn mit einer Schubkarre zum Haus „Der Stern".

Aufgebrachte Brüsseler zogen daraufhin zum flandrischen Grafenschloß Gaasbeek (S. 89), belagerten und brandschatzten es. Die Berührung des in Bronze erstarrten Schöffen soll nicht nur allen Frischvermählten lebenslanges Glück bringen. Blankpolierte Arme und Beine sind untrügliches Zeichen dafür, wie hartnäckig sich dieser Aberglaube hält.

Gotische Schmuckkästchen der barokken Grand' Place sind das **** Hôtel de Ville** und gegenüber die **Maison du Roi.** Zerbrechlich wie Eiskristalle erscheinen die schlanken Ecktürmchen an beiden Flügeln des Rathauses. Der mit aufgesetzter Wetterfahne 96 m hohe Rathausturm steht zwischen dem kürzeren West- und dem längeren, älteren Ostflügel, der 1402–1410 gebaut wurde. Ein sitzender Löwe an der Außentreppe des Ostflügels gab ihr den Namen Löwentreppe. Bevor 1444 der Neubau des Westflügels begann, mußten bestehende Gebäude abgetragen werden. Szenisch gestaltete Konsolen und Kapitelle an diesem Flügel zeigen einen im Harem ruhenden Mauren und zechende Mönche. Sie verweisen auf die beiden verschwundenen Häuser *De Moor* („Der Mohr") und *Papenkeldere* („Pfaffenkeller").

Der Kugelhagel aus französischen Kanonen richtete sich 1695 vor allem auf den hohen Rathausturm, von dem aus die feindlichen Belagerer zu beobachten waren. Bei Turmbeschuß wurde auch der übrige Teil des Rathauses verwüstet. Im Zuge des Wiederaufbaus entstand vier Jahre später im Kontrast zu den barocken Zunfthäusern eine gotische Replik des Ursprungsbaus. Die zahlreichen Statuetten und Skulpturen in Blindnischen und auf Konsolen, darunter die Statthalterin Maria von Ungarn, wirken in ihren aus Stein geschaffenen Kostümen wie Models auf dem Laufsteg der (Mode-)Geschichte.

Zu den Kostbarkeiten, die im Rathaus zu sehen sind, zählen feingearbeitete Wandteppiche aus dem 16. bis 19. Jh. mit Darstellungen aus dem Leben des habsburgischen Kaisers Karl V., der 1506 bis 1555 über die Südlichen Niederlande und Brüssel regierte. Auch der merowingische Frankenkönig Chlodwig (466–507), der von Tournai aus südliche Teile des heutigen Belgien beherrschte, wurde auf Gobelins verewigt. Die Wandteppiche sind nur im Rahmen einer Rathausführung im Saal des Ständerates und im Maximilian-Saal zu sehen (🕓 Führung in Deutsch: 1. Apr. bis 30. Sept. Di, So, Fei 10 Uhr, 1. Okt. bis 31. März. Di 10 Uhr).

Wie ein verkleinertes Ebenbild des Rathauses sieht das aus bläulichem Granit geschaffene „Haus des Königs" aus, das im Laufe der Geschichte Zunfthaus der Bäcker und königlich-spanisches Gericht war. Heute ist hier das *** Musée de la Ville de Bruxelles** untergebracht, das einen Überblick auf die bewegte Stadtgeschichte gibt. Sehenswert ist auch der Bildteppich nach einem Entwurf von Barend van Orley (1516/1518), der „Die Legende der Jungfrau von Sablon" (S. 22) schildert.

Die Mehrzahl der Besucher zieht es jedoch schnurstracks ins Obergeschoß. Dort steht der kleine Prinz von Brüssel,

1
Seite 50

dem Maurice Chevalier 1949 sein Couplet „Manneken Pis“ widmete. Inzwischen kann der vielfach verehrte Knabe unter über 500 Kostümen wählen. Zum Todestag von Elvis Presley verwandelt er sich alljährlich am 16. August in den Rock-'n'-Roll-Star der 50er Jahre. Die ausgefallene Idee zur Einkleidung der öffentlich urinierenden Brunnenfigur hatte 1698 der Wittelsbacher Statthalter Kurfürst Max-Emanuel von Bayern (🕒 Mo–Do 10–12.30, 13.30 bis 17 Uhr, 1. Okt. bis 31. März nur bis 16 Uhr, Sa/So 10–13 Uhr; wegen Personalnot zeitweilige Schließung von Abteilungen möglich).

Maison du Roi

Ein Abstecher führt zum Trachten- und Spitzenmuseum ***Musée du Costume et de la Dentelle** ❹ hinter dem Rathaus mit einem interessanten Studio für modernes Spitzendesign (🕒 Di, Do, Fr 10 bis 12.30, 13.30–17 Uhr, 1. Okt. bis 31. März nur bis 16 Uhr, Sa/So 14–16.30 Uhr).

Die Fassade des Rathauses

Wer sich dem Strom derer anschließt, die in südliche Richtung die Grand' Place verlassen, kommt unweigerlich zum berühmtesten Brüsseler, zu ***Manneken Pis** ❺. Menschentrauben drängen sich zu jeder Tageszeit mit ihren Kameras um den bronzenen Knaben. Ob es sich um den kleinen Herzog Gottfried III. von Brabant handelt, der sich während einer folgenreichen Schlacht mit dieser Geste über feindliche Soldaten lustig machte, ist ungeklärt. Daß zur Zeit des Ersten Kreuzzugs der Sohn des Grafen d'Hove während einer Prozession sich so ungeniert verhalten haben soll, ist gleichfalls nicht verbürgt. Längst hat Manneken Pis als augenzwinkernden und überfälligen Beitrag zur Gleichberechtigung ein Schwesterchen bekommen. In der nahegelegenen *Rue Impasse de la Fidelité* (an der Rue des Bouchers) läßt sich eine bronzene **Janneken Pis** zu gleichem Zwecke auf einem Brunnen nieder.

Niemand wird diese Stadt verlassen, ohne Manneken Pis gesehen zu haben

WEGE 1 - 4
0
300 m
N
Comte de Flandre
Charleroi
Bd du Nieuport
R. Locquenghien
Sq. des Blindés
Q. a. Barques
Q. a la chaux
Quai au Foin
Quai aux Pierres de Taille
Rue de Canal
Laeken
Rue de Grand Hospice
Ch. de Gand
Porte de Flandre
Rue de Flandre
Barthélemy
Hainaut
Quai du Canal
R.-L.-Lepage
Rue de Flandre
Ste-Catherine
Tour Noire
Vierge Noire
Pl. De Brouckère
De Brouckère
Pl. de la Monnaie
Boulevard E.- Jacqmain
Boulevard Adolphe-Max
Neuve
Rue de la Blanchisserie
R. du Damier
Marais
Pl. des Martyrs
Congrès
Rue des Sables
Bd de Berlaimont
R. des Comédiens
R. Mtge aux Herbes Potagères
R. d'Argent
Rogier
Av. du Bd
Bolwerk
Bd du Jardin
Boulevard
Rue du Grd. Serment
R. du Rempart des Moines
Senne
Sommeil
Pl. Jardin aux Fleurs
Arteveld
Pl. St-Géry
Dansaert
Bourse
Anspach
R. du Marché aux Poulets
R. des Fripiers
Rue de l'Ecuyer
R. des Bouchers
R. au Beurre
Grand' Place
Hôtel de Ville
Pl. St-Gudule
R. des Colonies
Gare Centrale
R. du Card. Mercier
Bd de l'Impératrice
Carr. de l'Europe
R. de la Madeleine
Pl. d. l' Albertine
Bd de l'Abattoir
Porte d'Anderlecht
R. d'Anderlecht
Rue Camusel
6 Jetons
Pl. Fontaines
R. des Bogards
Rue du Midi
Lombard
Gouvern. Prov.
Pl. St-Jean
R. St-Jean
R. de l'Hôpital
Rue de l'Empereur
BRUXELLES
Rue Ravenstein
R. Mtge d. l. Cour
Pl. Royal
Pl. d.l. Justice
Anneessens
Boulevard M.- Lemonnier
Rue du Vautour
Rue des Fontons
Rue de la Caserne
Pl. Rouppe
Rue des Alexiens
Rue d'Accolay
Rue du Poinçon
Rue J.- Lebeau
R. de Ruysbroeck
Rue de Rollebeek
Pl. du Grand Sablon
R. Bodenbroeck
Pl. des Wallons
Chapelle
Pl. de la Chapelle
Palais du Midi
Stalingrad
Rue Haute
Blaes
Minimes
Regence
Pl. du Petit Sablon
Rue des Sablons
Lemonnier
Poincaré
Pl. de la Constitution
Avenue de Stalingrad
Rue Terre Neuve
Tanneurs
Rue St-Ghislain
Miroir
E. Allard
Rue aux Laines
Jardin d'Egmont
Pl. du Jeu de Balle
R. du Chevreuil
R. des Renards
Pl. Poelaert
Rue des 4 Bras
Bd de Waterloo
Av. Fonsny
Avenue du Midi
Porte de Hal
Rue Montserrat
Pl. J.- Jacobs
Pl. Louise
Louise
Avenue Louise
Rue de Toison d'Or
Porte de Namur
Rue du Pépin
Rue des Drapiers
Stassart
R. de Mérode
Rue de l'Angleterre
Feron
Rue Emile-
Boulevard de Hal
Boulevard Av. H.- Jasper
Hôtel des Monnaies
Avenue de Waterloo
Rue Jourdan
Rue Bosquet
Pl. Stéphanie
Rue de la Concorde
ST-GILLIS

Weg 1

1 Bourse
2 „Bruxella 1238"
3 Eglise St-Nicolas
4 Musée du Costume et de la Dentelle
5 Manneken Pis
6 Galeries Royales St-Hubert
7 Cathédrale St-Michel
8 Gare Centrale

Weg 2

9 Galerie Bortier
10 Chapelle de la Madeleine
11 Bibliothèque Royale Albert I.
12 Hôtel Ravenstein
13 Grand Magasin „Old England"
14 Palais des Beaux-Arts
15 Eglise St-Jacques-sur-Coudenberg
16 Musée d'Art Ancien und Musée d'Art Moderne

Weg 3

17 Jardin Botanique
18 Centre Belge de la Bande dessinée
19 Musée Charlier
20 Théâtre du Parc
21 Palais de la Nation
22 Parc du Bruxelles
23 Palais Royal
24 Musée de la Dynastie

Weg 4

25 Musée Bruegel
26 Eglise Sts-Jean-et-Etienne aux Minimes
27 Tour d'Angle
28 Notre-Dame du Sablon
29 Palais d'Egmont
30 Patrick Derom Gallery
31 Palais de Justice

Seite 50

Dreh- und Angelpunkt für den Bummel durch das Zentrum bleibt die Grand' Place von der aus auch die **** Galeries Royales St-Hubert** ❻ (S. 38) schnell zu erreichen sind.

Nur einen Katzensprung entfernt steht am Rande der Oberstadt die gotische **** Cathédrale St-Michel** ❼ mit den weithin sichtbaren, stumpfen Doppeltürmen. Ältester Teil des Sakralbaus, dessen Chor wegen Restaurierungsarbeiten voraussichtlich bis zur Jahrtausendwende geschlossen bleibt, ist die romanische Krypta. Solange der Chor nicht zugänglich ist, kann man auch die Darstellung des Massakers an Brüsseler Juden im Jahr 1349 in den Glasfenster der Sakramentenkapelle nicht sehen. Unter dem Vorwand, sie hätten eine Hostienschändung begangen, wurde fast alle jüdischen Bewohner der Stadt ermordet. Ihr beträchtliches Vermögen wurde, wie aus dem Kontenbuch eines Brabanter Steuereintreibers von 1370 hervorgeht, beschlagnahmt. Reste der angeblich geschändeten Hostien werden bis heute als Reliquien in der Schatzkammer bewahrt. Erst 1968 gab das Bistum Mechelen-Brüssel ein kirchliches Schuldbekenntnis zum Tod der Juden des mittelalterlichen Brüssel ab. Ohne den zum übrigen Kirchenschiff offenen Chor geraten die Dimensionen – das Verhältnis von Höhe zu Länge – in Unordnung. Dennoch bleiben die Raummaße beeindruckend. Zwischen Rundsäulen mit Kohlblattkapitellen und unter den emporführenden Bündelpfeiler wird jeder Besucher zum Zwerg im Tempel Gottes.

Tempel der Moderne ist die nach Plänen von Victor Horta 1903 erbaute, nahegelegene **Gare Centrale** ❽. Der Bahnhof für Métro und Fernzüge wurde 1952 mit architektonischen Abweichungen zu Hortas Ideen vollendet. Die geschwungene Wellenlinie der Fassade läßt die Leichtigkeit des Art nouveau erkennen. Die Zickzackbänder des Daches verweisen auf Art déco, vertikale Bänder mit kleinflächigen Fenstern auf die Moderne der 30er Jahre.

Weg 2

Der Hügel der Schönen Künste

*** Chapelle de la Madeleine – * Hôtel Ravenstein – ** Grand Magasin „Old England" – * Palais des Beaux-Arts – ** Musée d'Art Ancien – ** Musée d'Art Moderne**

Die zum Mont des Arts hinaufführenden Treppen sind eine Herausforderung für eine Schar unentwegter Inline-Skater und waghalsiger Skateboard-Fahrer. An warmen Sommertagen wagen auch schon mal die Kids ein kurzes, erfrischendes Bad im Wasserbecken am Rande der französischen Gartenanlage. Dank der Prunksucht König Léopolds II. entstanden auf dem Berg die neoklassizistischen Bauten für Alte und Moderne Kunst.

Wer die Stufen hinauf zum „Kunstberg" bewältigt hat, wird mit dem Blick auf Werke wie „Volkszählung von Bethlehem" von Pieter Bruegel d. Ä. oder Arbeiten von René Magritte belohnt. Für diesen Genuß sollte man sich viel Zeit nehmen.

Wer die **Gare Centrale** verläßt, schlendert zunächst über den postmodernen **Carrefour d'Europe,** wo der in Bronze gegossene Don Quichotte auf die am Rande des Platzes stehende Büste des ungarischen Komponisten Béla Bartók zuzureiten scheint. Die **Galerie Bortier** ❾ (Rue de la Madeleine/Rue St-Jean) wird zumindest Freunde antiquarischer Bücher, alter Fotografien und vergilbter Poesiealben eine Weile festhalten. *Posada Art Books* (29, rue de la Madeleine) hat sich auf aufwendig gestaltete Kunstbände spezialisiert, und in der *Galerie Albert I.* wird vor allem moderne Landschaftsmalerei mit grobem Pinselstrich angeboten.

Unscheinbar im Vergleich zur erhabenen gotischen Cathédrale St-Michel (S. 52) wirkt die *** Chapelle de la Madeleine ❿** und wird deshalb leicht übersehen. Doch die Magdalenenkapelle ist ein gotisches Kleinod aus dem 13. Jh., das als Stiftung einer frommen Bruderschaft schon bald nach seiner Fertigstellung bei den Patrizierfamilien der Stadt sehr beliebt war. Waffenschmiede und Schneider verehrten hier ihre Schutzheiligen, und viele Handwerker fanden hier auch ihre letzte Ruhe.

Léopold I. legte den Grundstein zur Passage St-Hubert

2

Seite 50

Als stumme Zeugen der jüngeren Geschichte wurden am Fuß des Kunstbergs, an der *Place d'Albertine,* 1951 die Denkmäler für Königin Elisabeth und den im belgischen Volk sehr verehrten König Albert I. aufgestellt. Gleich dahinter liegt die **Bibliothèque Royale Albert I. ⓫**, die mit ihrem *Musée de l'Imprimerie* einzigartige Kostbarkeiten der Druckkunst präsentiert (◷ tgl. 9–17 Uhr). Zum Gebäudekomplex gehören auch das *Palais de Charles de Lorraine,* in dem im 18. Jh. Karl von Lothringen, der Statthalter der Niederlande, residierte, und die im 15. Jh. erbaute, heute als Ausstellungsraum genutzte *Chapelle de Nassau.*

Am Rand der Oberstadt steht die Kathedrale St-Michel

Über ausladende Terrassen geht es vorbei am Palais des Congrès, einem Bau der 50er Jahre und hinauf zum *** Hôtel Ravenstein ⓬** im einstigen mittelalterlichen Judenviertel der Stadt. Es handelt sich um das letzte Baudenkmal aus der Zeit burgundischer Herrschaft (15. Jh.).

Ganz in seiner Nähe hat sich der Architekt Paul Saintenoy 1899 mit dem Bau des ehemaligen **** Grand Magasin „Old England" ⓭** im Stil des Art nouveau sein eigenes Denkmal schmiedeeiserner Verspieltheit inmitten von strenger, klassizistischer Monumentalarchitektur geschaffen. Hier soll übrigens künftig das neugestaltete *Musée Instrumental* seine Pforten öffnen.

Albert I. und Königin Elisabeth am Fuß des „Kunstbergs"

Ein paar Schritte am Hôtel Ravenstein vorbei, und schon steht man vor einem der genialen Entwürfe des berühm-

2

Seite 50

testen Architekten des Art nouveau. Baron Victor Horta verwirklichte hier gegen Ende seines Lebens zwischen 1920 und 1928 mit streng geometrischen Elementen des Art déco das ***Palais des Beaux-Arts ⓮**.

Im Großen Konzertsaal sind häufig Gastorchester und vor allem das Belgische Nationalorchester zu hören. Der Palast der Schönen Künste ist auch Schauplatz repräsentativer Ausstellungen und beherbergt das *Musée du Cinéma*, in dem sich Cineasten zweimal täglich alte Stummfilme mit Pianobegleitung anschauen können (9, rue Baron-Horta, ☎ 5 07 83 70; 🕓 17.30 und 22.30 Uhr; Tram 92, 93, 94; 🚌 60, 20, 38; Ⓜ Gare Centrale).

In Bronze gegossen, reitet mitten auf der **Place Royale** Gottfried von Bouillon gegen die Ungläubigen im Heiligen Land. 1099 ernannte sich dieser Graf von Flandern, der am Ersten Kreuzzug (1096–1099) teilnahm, zum König von Jerusalem, nachdem unter seiner Führung die Ritter nach einer fünfwöchigen Belagerung die „Stadt des Heiligen Grabes" erstürmt hatten.

Bei der ***Eglise St-Jacques-sur-Coudenberg ⓯** handelt es sich um eine klassizistische Kirche mit majestätischer Säulenvorhalle. Das Fresko im ausladenden Dreiecksgiebel stellt die Jungfrau Maria als Trösterin der Trauernden dar. Es entstand nach dem großen Brand vom 3./4. Februar 1731.

Bei dieser Katastrophe wurden die Kirche und das Schloß der Herzöge von Brabant, das Palais de Coudenberg, schwer beschädigt. Im Zuge der vollständigen Neuplanung der damaligen Place des Bailles (heute Place Royale) in der zweiten Hälfte des 18. Jhs. begann der Wiederaufbau der Kirche. Die Abtei von Coudenberg finanzierte das Projekt durch den Verkauf des Rubens-Triptychons „Hl. Ildefonso". Im Jahr 1787 wurde die Kirche geweiht, die heute zum Bistum der belgischen Streitkräfte gehört (🕓 Mo 15–18, Di bis So 10–18 Uhr).

Unter der Place Royale, wo bereits im 10. Jh. ein Schloß der Herzöge von Brabant stand, wurden in jüngster Zeit bei der Platzerneuerung die Ruinen des Palastes der Brabanter Herzöge freigelegt, der bei dem Großbrand 1731 zerstört worden war. Am besten erhalten ist die Aula Magna, ein Prunksaal von 41 mal 16 m. Die Residenz der Herzöge wurde 1452 auf Anordnung Philipps des Guten mit Mitteln des Brüsseler Magistrats erbaut, der sich von der Verlagerung des burgundischen Hofes nach Brüssel wirtschaftliche Vorteile versprach. Hier fand 1515 die Inthronisation des minderjährigen Karl V. und 1555 dessen Abdankung statt.

An der Place Royale wollte sich auch der prunkversessene Léopold II. verewigen. 1876 soll er mit Blick auf die schon vorhandene Architektur seinen Entschluß für einen repräsentativen Museumsbau mit den Worten unterstrichen haben: „Dort ist der Berg des Rechtes, dort am Koekelberg der des Herrgotts und hier der Berg der Kunst." Und so thronen auf dem Gipfel die beiden wohl wichtigsten Museen bildender Kunst der belgischen Hauptstadt: das ****Musée d'Art Ancien** und das ****Musée d'Art Moderne ⓰**, die gemeinsam auch *Musées Royaux des Beaux-Arts* genannt werden.

Alle Welt redet vom Prado, vom Louvre und von der Tate Gallery, aber kaum jemand von der unbestritten großartigen Sammlung der Musées Royaux des Beaux-Arts. Der spendable König Léopold II. beauftragte Alphonse Balat mit einem pompösen Museumsbau, der sich hinter korinthischen Säulen verbirgt und an der *Rue de la Régence* die Schätze der „Alten Kunst" präsentiert.

Zu zahlreich sind die Gemälde und Skulpturen bedeutender Meister, als daß man sie alle während eines einzigen Museumsbesuches würdigen könnte. Nachfolgend deshalb ein Wegweiser zu den interessantesten Werken.

Belgische Bildhauer von Rang und Namen sind in der Skulpturengalerie des 18. und 19. Jhs. jenseits der Eingangshalle vertreten. Der durch sein Relief „Die Menschlichen Leidenschaften" im Horta-Pavillon des Parc du Cinquantenaire (S. 74) bekannte Jef Lambeaux (1852–1908) formte für das Palais de la Folle Chanson ein lustiges Bacchantenpaar. Constantin Meunier (1831–1905), dem in Brüssel ein eigenes Museum gewidmet ist (S. 20), schuf mit dem Bronzerelief „Landmänner am Meer" (1894) eine seiner zahlreichen Darstellungen arbeitender Menschen.

Das Hôtel Ravenstein erinnert an die burgundische Herrschaft

2

Seite 50

Von den alten flämischen Meistern sollte man auf dem Rundgang durch die Malerei des 15. und 16. Jhs. auf keinen Fall Pieter Bruegel d. Ä. (1525/30–1596) im Saal 32 versäumen. Seine „Volkszählung von Bethlehem" findet in einem verschneiten Dorf in Brabant statt: Auf dem Eis eines zugefrorenen Teiches laufen Kinder Schlittschuhe, schlägt ein kleiner Junge mit der Peitsche den Kreisel. Auf einem Esel reitet Maria zu den Bauern, die ihre mit Korn beladenen Wagen entladen. Neben der Dorfherberge ragt ein kahler Baum in den Himmel. Im Hintergrund erblickt man eine christliche Kirche!

Palais de Charles de Lorraine und die Bibliothèque Royale Albert I.

Zur Sammlung des Museums für Alte Kunst gehört in Saal 89 auch die skurrile Bilderwelt des aus Oostende stammenden James Ensor (1860–1949), dessen Sujets Masken und Tod sind. Das alltägliche Leben scheint für ihn eine inszenierte Maskerade zu sein. Der Mensch, sich selbst und anderen entfremdet, verbirgt sich bei Ensor in der Masse, zieht sich hinter die im Ausdruck erstarrten Masken zurück. Wie leblose Puppen wirken die vom Maler Porträtierten. Sie nehmen an einem absurden Spiel teil, das nicht frei von Ko-

In Bronze gegossen reitet Gottfried von Bouillon auf der Place Royale

2

Seite 50

mik ist, wie auf dem Bild „Verärgerte Masken“: Eine maskierte Frau in schrill grünrotem Kleid mit einem Knüppel in der Hand ertappt ihren am Tisch sitzenden Mann beim heimlichen Trinken.

Neben Ensor ist der belgische Maler und Buchillustrator Fernand Khnopff (1858–1921) in der Abteilung mit Werken des 19. Jhs. vertreten. Mit zarten Pastelltönen bannte er eine Frau in weißem Kleid und Bubikopf auf Papier, die mit einem Finger ihre Lippen zum „Schweigen“ (1890) verschließt. Vor dem Hintergrund einer toskanischen Landschaft schmiegen sich in „Liebkosung“ (1904) ein schmalbrüstiger Jüngling und ein blondes Weib mit schlankem Gepardenkörper eng aneinander.

Wie die Bubikopf-Schöne schwieg sich Khnopff zur Symbolik seiner Arbeiten aus. Vermutlich verbarg sich hinter seinen venusgleichen Frauen mit verführerischen Blicken und sinnlichen Lippen sein eigenes Frauenbild, das zwischen Jungfrau und Hure schwankte. In diesem Sinne könnte das Geparden-Weib die nymphomane Gespielin sein, die von Liebhaber zu Liebhaber eilt.

Unterirdisch erreicht man vom Musée d'Art Ancien aus das Musée d'Art Moderne, dessen Haupteingang sich an der Place Royale gegenüber der Eglise St-Jacques sur Coudenberg auf dem Coudenberg befindet. Tief in den Kunstberg hinein führt der Weg von Ausstellung zu Ausstellung, vom Neoimpressionimus bis zur Postmoderne. Auch hier empfiehlt sich angesichts der Fülle und Vielfalt eine Auswahl.

In grellen Farben gestaltete Auguste Oleffe (1867–1931) Blicke aus dem Fenster. Die lichte Landschaft Flanderns findet sich dagegen bei Théo van Rysselberghe (1862–1926). Gefühl für das harte Leben der flämischen Bauern verrät Constant Permeke (1886–1952) mit „Bauern bei der Aussaat“. Tiefgebückt verschmelzen die Bauern mit der expressiven, in dunklen Braun- und Gelbtönen eingefangenen Landschaft zwischen Schelde und Leie.

Die skurrile (Schein-)Welt des Surrealismus begegnet dem Betrachter in René Magrittes überraschenden Verfremdungen (S. 20). So zeigt „Die Domäne von Arnheim“ (1962) keine niederländische Landschaft mit Poldern und bewaldeten Inlanddünen. Den Titel für sein Werk entlieh er sich bei dem amerikanischen Schriftsteller Edgar Allan Poe und dessen gleichnamiger Erzählung. In Gestalt eines Adlers erhebt sich bei Magritte ein schneebedeckter Gebirgszug. Auf der Balustrade im Vordergrund des Bildes liegen zwei Vogeleier, Symbole für die Leichtigkeit der Poesie eines Edgar Allan Poe.

Mit theatralischen Inszenierungen lassen sich die von Paul Delvaux (1897–1994) gemalten Bilder „Abendzug“ (1957) und „Kreuzigung“ (1951/1952) vergleichen.

Nackte Frauenfiguren mit breiten Hüften tauchen bei ihm in einer kulissenhaften Traumwelt der Antike auf.

Tief unten im „Kunstberg“ (Niveau -6) haben die belgischen Abstrakten ihren Platz, so Victor Servranckx (1897 bis 1965), der die Allgegenwart der Maschinenwelt in „Opus 47 Exaltation du Machinisme“ (1923) thematisierte.

In der Abteilung für zeitgenössische Ausdrucksformen (Niveau -8) finden sich Werke, über die man geteilter Meinung sein kann, so die beweglichen kupfernen Kreissegmente und von Motoren getriebenen Holzzylinder, vom belgischen Konzeptkünstler Pol Bury erdacht. Umstritten sind auch die Installationen eines weiß angemalten Klaviers nebst Notenständer und Cellokoffer sowie eine Gruppe von Milchkannen mit Delfter Kachelmuster.

(*Musée d'Art Ancien:* 3, rue de la Régence; ◷ Di–So 10–12, 13–17 Uhr; *Musée d'Art Moderne:* 1–2, Place Royale; ◷ Di–So 10–13, 14–17 Uhr; Ⓜ Parc; Tram 92, 93, 94.)

Brüssel (nicht) nur für Kinder

Eltern, die einen Besuch in Brüssel planen, müssen ihre Kinder nicht zu Hause lassen.

Zum einen gibt es in einigen Hotels Baby-Sitting-Dienste, zum anderen hat die Stadt etliche Attraktionen, die groß und klein gleichermaßen Spaß machen.

In der Ludothek des **Musée de Jouet** (24, rue de l'Association; ⏲ Di 12–15, Mi 14–18, Sa 14–17 Uhr; Ⓜ Botanique) kann man sich beim gemeinsamen Tipp-Kick-Fußballspiel zum torgefährlichen Klinsmann mausern, während das Mühlespiel oft in der Zwickmühle endet.

Für die Teddybären in allen Größen, die schnittigen Rennsportwagen von Schuco, die Marionetten und Handpuppen, die zur Sammlung des Spielzeugmuseums gehören, heißt es jedoch: Berühren verboten!

In der Métrostation Bourse öffnet sich hinter den Türen von **Scientastic** die Welt optischer Täuschungen und einfacher physikalischer Experimente. Kaum zu glauben, aber wahr: Fliegen wird hier kinderleicht. Der hinter einer Spiegelwand versteckte Würfel, auf den man sich stellt, ist alles, was man braucht, um abzuheben. Kinderleicht ist das Telefonieren mittels zweier Parabolspiegel und wie beides möglich ist, soll jeder selbst herausfinden (⏲ Sa, So 14–17.30, 1. Juni bis 31. Aug. tgl. 14–17.30 Uhr; Ⓜ Bourse).

Auch der Besuch in einem Museum für Archäologie und Ethnographie kann zur Entdeckungsreise werden. So machen sich im **Musée du Cinquantenaire** im Parc du Cinquantenaire (Ⓜ Merode; Tram 81, 82) alle auf die Suche nach dem peruanischen Mochica-Tonkopf aus dem Comic „Der Sonnentempel", den sich Hergé, der bekannteste Comiczeichner Belgiens, ausgedacht hat.

Während Hergés Comicheld Tim mit seinem Hund Struppi nach Tibet reisen mußte, um den neunköpfigen Mahavajrabhairava zu besuchen, ist das hier nur ein kurzer Weg. Andere Abstecher führen ins ferne Neuseeland zu den Maori oder zu den Südseeinsulanern der Osterinsel, die zu Ehren des Gottes Rango riesige Kultfiguren aus Stein errichten.

Mit Steven Spielbergs „Jurassic Parc" will das **Musée de l'Institut Royal de Sciences naturelles de Belgique** (260, chausée de Wavre; ⏲ Di–Sa 9.30–16.45, So 9.30–18 Uhr; 🚌 20, 34, 80; Ⓜ Trône) nicht konkurrieren. Ein Erlebnis der besonderen Art ist die Begegnung mit den Urechsen gleichwohl. Auge in Auge steht man auf einer Galerie dem vor 65 Mio. Jahren ausgestorbenen 10 m großen, 5 t schweren, pflanzenfressenden Iguanodon bernissartensis (Leguanzahnsaurier) gegenüber, der 1878 in einer aufgelassenen Mine in der Borinage entdeckt wurden. Lebensgroße, bewegliche Modellsaurier wie ein Stegosaurus (Rückenplattensaurier) mit gewaltigen Rückenplatten geben einen Eindruck von Größe und Aussehen. Hin und wieder durchdringt das Grunzen und Fauchen dieser Modellriesen die Hallen des Museums.

Schon mal an einen Tauchgang mit einem Pottwal in 1000 m Tiefe gedacht? Dank moderner Mediensimulation ist dies im Königlichen Naturkundemuseum ein Kinderspiel. Noch etwas für alle Comicfans: Unter lauter ausgestopften, australischen Beuteltieren sitzt im Museum das getüpfelte Marsupilamis fantasii in seinem Nest, das der Zeichner Franquin 1952 für seine Helden „Spirou und Fantasio" im südamerikanischen Urwald entdeckte.

Schließlich bietet der **Brupark** (S. 83), vielfältige Vergnügen für die ganze Familie.

2
Seite 50

Weg 3

Comics, Kunst und Könige

***Jardin Botanique – **Centre Belge de la Bande dessinée – **Musée Charlier – *Palais de la Nation – *Parc de Bruxelles – *Palais Royal**

3

Seite 50

Kunst ist im öffentlichen Leben der belgischen Metropole immer gegenwärtig, ob in der Métro oder am Sitz des Königs, ob im Park oder natürlich im Museum. Deshalb gibt es wohl auch keine Berührungsängste zwischen den einzelnen Kunstgattungen. Da öffnet ganz selbstverständlich ein nobles Herrenhaus seine mit erlesenen Sammlungen dekorierten Räume für ein Konzert des experimentellen Jazz. Und die frechen belgischen Comicfiguren haben in der Hochburg des Jugendstils einen von Stararchitekt Horta höchstpersönlich entworfenen Art-nouveau-Palast erobert. Ursprünglich diente das wunderschöne Gebäude mit viel Glas und Schmiedeeisen, mit Säulen und geschwungenen Galerien als Warenhaus.

Etwas verwunschen wirkt der als französische Gartenanlage konzipierte ***Jardin Botanique ⓱** schon, und daß die *Orangerie* aus dem ersten Drittel des 19. Jhs. nun als Kulturzentrum der französischsprachigen Gemeinschaft genutzt wird, paßt irgendwie.

Grüne Patina überzieht die von Constantin Meunier geschaffenen Bronzeskulpturen eines säenden Bauern und einer herben Schönheit. Gebückt von der Last des Holzbündels scheint ein alter Mann zum Springbrunnen hinabzuschreiten, während sich ein Landmann den Schweiß von der Stirn wischt und zur Cité Administrative hinüberschaut.

Wer in die Unterwelt der Métro abtaucht, wird an der Station Botanique von den zum Bild erstarrten Reisenden „Les Voyageurs" empfangen. Pierre Caille schuf mit seinen bunten, in ihren Bewegungen verharrenden Figuren gleichsam das Ebenbild des Métro fahrenden Zeitgenossen. Morgens eilt er noch verschlafen in den Schacht, der ihn abends wieder ausspuckt. Durch einen Fußgängertunnel unter dem Altstadtring geht es zum Ausgang an der Cité Administrative, wo die Staatsfinanzen verwaltet werden. Auf steinernem Sockel stehen zwei einander liebkosende Frauen.

Ein zugiger Wind fegt über den mit Springbrunnen und Wasserbassins aufgelockerten Vorplatz der Verwaltungsstadt. Bei Sonnenschein sitzen einige Staatsdiener auf den Parkbänken und blättern in „De Morgen" und „Le Soir" oder nehmen ein kurzes Sonnenbad.

Die **Colonne du Congrès** am gleichnamigen Platz erinnert an Léopold I., den ersten belgischen König. Noch zu seinen Lebzeiten wurde diese Säule, die der Architekt Joseph Poelaert entworfen hat, aus Anlaß des 20. Jahrestages der belgischen Verfassung errichtet.

Vier Frauenfiguren symbolisieren Presse- und Religionsfreiheit, die Freiheit, sich in Vereinigungen zusammenzuschließen, und die Freiheit der Lehre. Steinerne Löwen bewachen die Ewige Flamme am Grabmal des unbekannten Soldaten. Bekrönt wird die Colonne du Congrès vom 4 m hohen Standbild des Königs Léopold I. In das Reich der Sagen gehört, daß der Monarch bei Mondschein hinabsteige, um sich unter das gemeine Volk zu mischen.

Wer geniale Strichmännchen und witzige Sprechblasen liebt, sich für die Abenteuer von Tim und Hündchen Struppi („Tintin et Milou") begeistert oder mit dem ehrbaren Cowboy Lucky Luke die vier Daltons zur Strecke bringen möchte, lenkt seine Schritte in die nahe *Rue des Sables*, zum Comic-Museum, dem ****Centre Belge de la Bande dessinée ⓲** (🕓 tgl. außer Mo 10–18 Uhr; Tram 90, 92, 93, 94).

In dem Jugendstilbau der Magasins Waucquez wird dem belgischen Comic gehuldigt, der 1996 mit vielen Veranstaltungen seinen 100. Geburtstag feierte. In Vitrinen werden die Originale von mehr als 2000 Comics wie wertvolle Radierungen von Rembrandt präsentiert. Um die Bildergeschichten zu sehen, die belgische Zeichner wie Franquin, Morris, Bob de Moor, Willy Vandersteen und Hergé sich ausdachten, kommen jährlich Hunderttausende in die ehemalige Textilgroßhandlung Waucquez, die 1903 nach Ideen von Victor Horta erbaut wurde. Nach der Geschäftsaufgabe 1970 stand das Gebäude jahrelang leer. 1975 wurde es unter Denkmalschutz gestellt. Schwer genug war dies, denn in jener Zeit wurden mehrere hundert Palais und Bürgerhäuser des 17. und 19. Jhs. Opfer der Spitzhacke.

Bewahrung des historischen Erbes war in Brüssel ein Fremdwort und ist es bis heute geblieben. Mangelnde Wartung fügte der Bausubstanz der Magasins bis zu ihrer Rettung und Wiederbelebung erheblichen Schaden zu. 1983 erreichten engagierte Bürger, darunter der Architekt Jean Delhaye, ein Mitarbeiter von Victor Horta, daß mit staatlichen Mitteln in den Räumen das Museum für Comics eingerichtet wurde. Nach umfangreichen Restaurierungsarbeiten öffnete die Sammlung schließlich 1989 ihre Pforten.

Liebhaber des Impressionismus belgischer Prägung bis hin zur zeitgenössischen Kunst wird es eher zum eleganten Herrenhaus des einflußreichen Kunstförderers Henri Van Cutsem, dem heutigen ****Musée Charlier ⓳**, ziehen, das mittwochs um die Mittagszeit seinen Salon für experimentellen Jazz öffnet und donnerstags zum mittäglichen Klassikkonzert einlädt. In diesem neoklassizistischen Bau, durch Victor Horta im Sinne des Art nouveau mit gläsernem Flachdach über der Salle de Réception und raumteilenden, lichtdurchlässigen Vitrinen umgestaltet, lebte und arbeitete der Bildhauer Guil-

Die französische Gartenanlage Jardin Botanique

Seite 50

Löwen bewachen die Ewige Flamme an der Kongreßsäule

Der Cowboy Lucky Luke im Comic-Museum

laume Charlier (1854–1925), der 1904 Van Cutsem beerbte. Charliers reiche Kunstsammlung macht den Reiz dieses Museums aus. Neben seinen eigenen plastischen Werken, so die aus weißem Marmor gearbeitete „Alte Frau von Blankenberge“, prangen im Interieur des 19. Jhs. Bilder von Zeitgenossen des Künstlers wie Louis Crepin, Emile Wauter und Auguste Oleffe (16, av. des Arts, ☎ 2 18 53 82; 🕓 Mo 10–17, Di bis Do 13.30–17, Fr 13.30–16.30 Uhr; Ⓜ Madou, Arts-Loi). Ganz in der Nähe findet man unter dem Pflaster der *Avenue des Arts* moderne Kunst der 80er Jahre. Auf dem Bahnsteig der Métrostation Arts-Loi verschmelzen im weiß-schwarzen Relief „Isjtar“ von Gilbert De Cock Kreise und Vierecke, die Interpretation des Künstlers von Tag und Nacht, Feuer und Wasser, männlich und weiblich.

3

Seite 50

Wieder aus der Métro zurück, lenkt man seinen Schritt zum **Théâtre du Parc ⑳**, in dem seit 1762 die Schauspielkunst gepflegt wird. Gegenüber steht das 1738 im Stil Louis XVI erbaute ***Palais de la Nation ㉑**, in dem zunächst der „Conseil de Brabant“ tagte, ehe der habsburgische Kaiser Joseph II. dieses Parlament 1789 auflöste. Nach zwei Bränden in den Jahren 1820 und 1883 wurde das Palais stilgerecht wiederaufgebaut. Tilman-François Suys schuf 1846–1849 die luxuriöse Innenausstattung, zu der zahlreiche Porträts des romantischen Historienmalers Louis Gallait (1810 bis 1887) zählen. Heute versammeln sich hier die Abgeordneten des belgischen Parlaments und des Senats zu ihren Lesungen und Debatten.

Der südlich anschließende, neoklassizistische ***Parc du Bruxelles ㉒**, der von verbissen trainierenden Joggern ebenso gerne aufgesucht wird wie von ruhesuchenden Spaziergängern, bildet die grüne Verbindung zum Königlichen Palast. Zwischen 1774 und 1776 entwarfen Barnabé Guimard und der königliche Gartenbaumeister Joachim Zinner diese Parkanlage. Zwei von Buchen und Ulmen gesäumte Alleen kreuzen diagonal die mit Linden bestandene Zentralallee. Zu Stein erstarrt dürfte die römische Göttin Diana im Schatten der Bäume vergeblich auf ihr Jagdglück warten.

Umgeben von den neoklassizistischen Tempeln der bildenden Kunst und dem Parc du Bruxelles ist das ***Palais Royal ㉓**. Der Königliche Palast ist während der Sommerpause des Parlaments zwischen Juli und September verwaist, wenn auch der König von seinen Amtsgeschäften ausspannt.

Die repräsentativen Räume stehen dann denen offen, die sich nicht allein mit dem Schauspiel der täglichen Wachablösung zufrieden geben wollen. Ursprünglich war das Schloß eine eher bescheidene Residenz, die sich im Zuge der Umbauten nach Entwürfen von Alphonse Balat und Henri Maquet zwischen 1904 und 1909 in einen prunkvollen Palast mit gewaltigen Säulengiebel verwandelte. König Léopold II. hatte aufgrund seiner Einnahmen aus dem Abbau der Rohstoffe des Kongo (S.12) ausreichend Mittel für diese aufwendigen Umbauten. (🕓 Ende Juli bis Anfang Sept. tgl. außer Mo 9.30 bis 15.30 Uhr.)

Das **Musée de la Dynastie ㉔** nebenan widmet sich ausführlich der Geschichte des belgischen Königshauses, allerdings mit einem eher anekdotischen Ausstellungskonzept und ohne jegliche kritische Anmerkungen zum extravaganten Lebensstil von König Léopold II. und zum politischen Verhalten König Léopolds III. während der deutschen Besatzungszeit.

Der türkische Säbel, den König Léopold I. bei seiner Krönung trug, die Schwesterntracht von Königin Elisabeth, die Bergsteigerausrüstung von König Albert I., der am 17. Februar 1934 bei einer Felstour in Marche-Les-Dames ums Leben kam, geben einen nur begrenzten Einblick in den königlichen Alltag (🕓 tgl. außer Mo 10 bis 16 Uhr; Ⓜ Parc; Tram 92, 93, 94).

Weg 4

Im Schatten von Justitia

Porte de Hal – ** Place du Jeu de Balle – ** Place du Grand Sablon – * Notre-Dame du Sablon – * Place du Petit Sablon – * Palais de Justice

Wie ein Sinnbild einschüchternder Gerechtigkeit reckt sich der steinerne Koloß des Palais de Justice in den Himmel über Brüssel. Im Schatten der riesigen Kuppel leben die Menschen des traditionellen Marollen-Viertels in Neubaublocks aus den 60er Jahren und heruntergekommenen Mietskasernen. Mit mehr als 10 000 Einwohnern auf 52 ha ist es eng und laut in diesem multikulturellen Viertel.
Für die besondere Atmosphäre zwischen der Rue des Tanneurs und Rue Haute sorgen die vielen Läden und Kneipen der Einwanderer aus Spanien, Marokko, Griechenland und der Türkei. Will man den frühmorgendlichen Flohmarkt auf der Place du Jeu de Balle mit einem ausgedehnten Galerienbummel an der Place du Grand Sablon verbinden, bleibt der Nachmittag für Kirchenbesichtigungen und den Aufstieg zum Justizpalast.

Die Métro bringt den Besucher schnell zur **Porte de Hal,** einem trutzigen Stadttor aus dem 14. Jh., das im Mittelalter den Zugang zur Stadt bewachte und heute das Folklore-Museum beherbergt (🕓 Di–So 10–17 Uhr). Die *Rue Haute* führt mitten hinein ins Marollen-Viertel. Durch Torbögen geht der Blick zwischen *Rue Haute* und *Rue Blaes* in die dunklen Höfe der aneinandergereihten *Vieux Blocs,* kasernenartigen Mietshäusern, gebaut aus Backstein und verziert mit gelbroten Ziegelornamenten. „El Rincón" (403, rue Haute) und etwas weiter „Café

Die Abgeordneten des belgischen Parlaments tagen im Palais de la Nation

Nur wenn der König Urlaub macht, kann sein Palast besichtigt werden

4

Seite 50

Espagnol“ sind hier die Treffpunkte für all jene, die Heimweh nach der fernen Costa del Sol haben.

Schon ab 5 Uhr morgens weht der Duft frischgebrühten Kaffees und feiner Croissants aus dem Café „Skieven Architek“ direkt am Platz, wo sich die ersten unentwegten Flohmarktbesucher einfinden. Auch zu dieser Tageszeit kann schon ein frisch gezapftes *Le Chevalier* geordert werden, wenn man beim Stöbern im Fachblatt für Sammler „Le carnet du collectionneur“ sein erstes Bier genießen möchte, bevor pünktlich um 7 Uhr der Flohmarkt auf der ****Place du Jeu de Balle** beginnt.

Vor allem Ramsch und Nippes, daneben gut erhaltenes, altes Spielzeug, vergilbte Postkarten und schmiedeeiserne Laternen finden hier neue Besitzer. Auch mit zerlesenen Groschenheften, Ersatzteilen für Waschmaschinen, Haarbürsten und abgetragenen Schuhen wird munter Handel getrieben.

An der Westseite des Platzes steht die **Eglise Notre-Dame Immaculée.** Hierher flohen viele, die von deutscher Wehrmacht und Gestapo verfolgt wurden, jedoch dank der Hilfe der mutigen Kapuzinermönche untertauchen konnten.

4

Seite 50

Sightseeing mit der Tram chocolat

1835 schnaufte zwischen Brüssel und Mechelen die erste Eisenbahn. Damals zogen stämmige Brabanter Gäule offene Pferdeomnibusse, die als Eisenbahnzubringer eingesetzt wurden. Im *Musée du Transport Urbain Bruxellois,* das in Woluwe-St-Pieter ein ehemaliges Straßenbahndepot bezogen hat, fühlt man sich in diese alten Zeiten zurückversetzt. Längst sind in Brüssel gelbblaue Niederflurbahnen unterwegs, doch im Museum werden die nostalgischen Straßenbahnen liebevoll gepflegt (364 b, av. de Tervuren, ☎ 5 15 31 08; ⌚ 1. Sa im April bis 1. So im Okt., Sa, So und Fei 13.30–19 Uhr; Ⓜ Montgomery; Straßenbahn 44 bis Depot Woluwe).

Im Depot stehen auch die erste Pferdestraßenbahn der Societé du Tramcar Nord-Midi, in der die Fahrgäste zwischen Gare du Nord und Gare du Midi auf harten Holzbänken Platz nahmen, und jene schokoladenbraune Tram, die 1887 erstmals von der Kirche St-Josse aus zum Aktienmarkt der Börse fuhr und im Volksmund rasch den Namen *Tram chocolat* erhielt.

Wer eine nostalgische Rundfahrt mit der hellgelben Tram 5016 durch Brüssel unternehmen will, muß sich zwischen Ende April und Anfang September sonntags um 9.45 Uhr vor dem Depot einfinden.

Auf der mehrstündigen Fahrt zum Stade Roi-Baudouin, besser bekannt als Heysel-Stadion, kommt man am Palais Stoclet (S. 88), einem Bau aus der Frühphase des Art déco, und alten Stadttoren wie Porte de Ninove vorbei. Der gigantische Bau des neoklassizistischen Palais de Justice (S. 64) ist ebenso vom Fenster aus zu sehen, wie die neobyzantinische Eglise St-Marie in Schaerbeek und der riesige Tempel von Koekelberg. (Reservierung: ☎ 5 15 31 07, 📠 5 15 31 09.)

Wieder zum Ausgangspunkt am Museum zurückgekehrt, wartet bereits ein anderer Straßenbahnveteran, nämlich die dunkelblaue 561 mit samtroten Polstersitzen in der 1. Klasse auf Fahrgäste. Nun heißt es „Bitte einsteigen“. Nach dem Hornsignal wird gestartet. Im Zuckeltempo geht es über die mit Kastanien bestandene Allee nach Tervuren (Provinz Flämisch-Brabant). Das Koninklijke Museum voor Midden Afrika zeigt dort die Schätze aus der einstigen Kolonie Kongo.

In die nach Joseph Poelaerts Plänen 1863 in hellem Backstein errichtete ehemalige Feuerwehrwache sind nach dem Umbau, wie könnte es anders schein, in die luxuriösen Appartements betuchte Mieter eingezogen. Im Erdgeschoß finden sich Antiquitätengeschäfte wie das „Tapis Anciens", das sich auf orientalische Knüpfteppiche spezialisiert hat.

Auf der stetig ansteigenden *Rue Haute* gelangt man zum **Musée Bruegel ㉕**. Der rötliche Ziegelbau mit gotischem Treppengiebel war von 1563 bis 1569 Wohnhaus des flämischen Malers Pieter Bruegel d. Ä., der hier die letzten Jahre seines Lebens unter armen Tagelöhnern, Marktweibern und Huren verbrachte (🕓 nur nach schriftlicher Anfrage: Musée Bruegel, 132, rue Haute, B-1000 Bruxelles).

Mit gregorianischen Gesängen wird die Sonntagsmesse in der ***Eglise Sts-Jean-et-Etienne aux Minimes ㉖** gefeiert. Der Minoritenorden betreut von jeher Arme und Bedürftige. Das Gotteshaus entstand zwischen 1700 und 1715 auf dem Anwesen des Arztes Andreas Vesalius (1514–1564), der die Gehängten sezierte. Dank seiner Erkenntnisse wurde ein wichtiger Grundstein zur modernen Anatomie gelegt (🕓 tgl. 10–13 Uhr).

Am Ende der Rue Haute, nur einige Schritte vom Restaurant „Exito 13" entfernt, wo abends feurige Salsarhythmen zum Hüftschwung animieren, liegt die romanisch-gotische ***Eglise Notre-Dame de la Chapelle,** die im 12. Jh. vom Herzog von Lothringen und Brabant, Godefroy Le Barbu, gestiftet wurde. In der Kapelle Notre-Dame du Rosaire fand der Maler Pieter Bruegel d. Ä. seine letzte Ruhestätte.

Das Grabmal aus Marmor schuf sein Sohn Jan, der unter der Bezeichnung Samt- und Blumenbruegel, in die Kunstgeschichte einging. Zu den weiteren Sehenswürdigkeiten der Innenausstattung gehören die Apostelfiguren, die von dem Rubens-Schüler und

Innenhöfe im Marollen-Viertel: Ecke Rue Blaes/Rue Pieremans

An der Kirche Sts-Jean-et-Etienne aux Minimes

Stadtrundfahrt mit einer nostalgischen Straßenbahn

4
Seite 50

angesehenen Bildhauer Luc Fayd'herbe (1617–1697) stammen (🕓 tgl. 13 bis 16 Uhr).

Die nahe **Tour d'Angle** ㉗ bildete zusammen mit den Toren *Tours de Villers* und *Tours de Noir* ein Teilstück der unter Napoleon geschleiften Stadtbefestigung. Da der Anführer der aufständischen Brüsseler Zünfte, François Anneessens, vor seiner Hinrichtung im Jahr 1719 in der Tour d'Angle festgehalten wurde, nennt man diese auch Tour d'Anneessens.

Das leicht abfallende Platzdreieck **** Place du Grand Sablon** ziert ein von Jacques Bergé geschaffener Minerva-Brunnen. Vor Jahrhunderten übten an dieser Stelle die Mitglieder der Zunft der Armbrustschützen den Umgang mit der Waffe. Heute drängen sich hier am Wochenende Liebhaber erlesener Antiquitäten um die Stände. Gediegene Messingkunst, feinstes Chinaporzellan, Silber, Gold und alte Stiche warten auf zahlungskräftige Kundschaft.

4

Seite 50

Die Suche nach Kunst und Antiquitäten kann in den umliegenden Geschäften fortgesetzt werden. In der kleinen *Dewart Gallery* (6–10, impasse St-Jacques) zeigen junge Künstler experimentelle Arbeiten, die sie zu den Klängen der Barockmusik von Pergolesi schufen. Bei *Willy D'Huysser* (12, Grand Sablon) feiern sich die Epigonen der grellbunten Popart selbst. Auch die Cafés rund um die Place du Grand Sablon sind eigentlich schon wieder eine Unterbrechung des Spaziergangs wert: Seit Jahrzehnten serviert „Wittamer" köstliche Sahnehörnchen, Linzer Gebäck, Tutti-frutti und Eclairs. Für ein frisches *Leffe* setzt man sich im „Entre des Artistes" unter die Fotos von Greta Garbo, Klaus Kinski und Judy Garland.

Zu den schönsten Kirchen Brüssels zählt die spätgotische *** Eglise Notre-Dame du Sablon** ㉘, in der sich die barocke, aus Marmor erbaute Grabkapelle der Familie Thurn und Taxis befindet. Die Architektur scheint einem filigranen Reliquienschrein abgeschaut. Im 14. Jh. finanzierte die Armbrustschützengilde diesen Kirchenbau (🕓 tgl. 9–17.30 Uhr) zu Ehren der wundertätigen Hl. Jungfrau (S. 22). Eine Figurengruppe mit Kahn erinnert an die Entführung der Marienfigur aus Antwerpen.

Auf der anderen Seite der 600 m langen, zum Palais de Justice führenden *Rue de la Régence* wurde 1890 die *** Place du Petit Sablon** angelegt. Die auf den Säulen thronenden Statuetten stellen die 48 Handwerksgilden dar, wie Fetthändler, Helmschmiede oder Perückenmacher des 16. Jhs. Die Grafen Egmont und Hoorne sind in dieser kleinen Freiluftgalerie der belgischen Geschichte ebenso vertreten wie der aus Rupelmonde stammende Geograph Geraard Mercator, dem der erste Weltatlas zu verdanken ist. Am Rande der Place du Petit Sablon entstand zwischen dem 16. und 18. Jh. das schloßähnliche, klassizistische **Palais d'Egmont** ㉙, das heute vom Außenministerium genutzt wird und im Gegensatz zum Jardin d'Egmont mit seiner verfallenen Orangerie der Öffentlichkeit nicht zugänglich ist. Gegenüber liegt die **Patrick Derom Gallery** ㉚, eine der besten Privatgalerien Brüssels, die sich auf die moderne Malerei Belgiens zwischen 1870 und 1970 spezialisiert hat. Mit interessanten wechselnden Ausstellungen macht sie mit der Kunst der Abstrakten, Realisten und Neoimpressionisten bekannt (🕓 Mo–Sa 10.30–18.30 Uhr).

Übermächtig thront seit 1883 das *** Palais de Justice** ㉛ über der Unterstadt. Als Tausende von Menschen für den Bau dieses architektonischen Monsters ihre Wohnungen räumen mußten, verfluchten sie den verantwortlichen Architekten Joseph Poelaert (1817–1879). Der Rechtsprechung wurden hier gigantische Ausmaße zugebilligt: 26 000 m² bebaute Fläche, 27 Gerichtssäle, acht Innenhöfe, ein mehr als 10 m großes Eingangsportal, und in einer Höhe von 104 m wird der Bau mit einer riesigen Kuppel geschlossen

Weg 5

Happy Métro

Fliegende Puppen auf dem Weg zu ungeahnten Freiheiten, gemalte Landschaften als Ersatz für längst verlorengegangene Natur: Wo anderswo Fahrgäste triste U-Bahnschächte passieren, leuchten in Brüssels Métrostationen fröhliche Farben und geben Künstler Nachdenkliches mit auf den Weg.

Einen guten Überblick über Belgiens Szene der bildenden Kunst der 70er und 80er Jahre bringt die halbtägige Fahrt durch die unterirdische Galerie.

Ausgangsbahnhof ist die Station **Bizet** (Métrolinie 1 b, Bizet–Stockel). Mit seiner Installation * *La Carracola* macht Tone Brulin den Bahnsteig zur kritischen Bühne. Eine konstruktivistisch gemalte schwarze Mutter mit weißem Kind auf der einen Bahnsteigseite begegnet der weißen Mutter mit schwarzem Kind auf der anderen. So thematisiert der Künstler die Absurdität des täglichen Rassismus.

Die belgo-polnische Künstlerin Tapta intallierte in der Station **Veeweyde** aus fein gespannten Drähten ein „bewegli-

Die Place Jean-Jacobs wird vom Bau des Justizpalastes beherrscht

Kunst in der Métro: Station Stockel

5

Seite 65

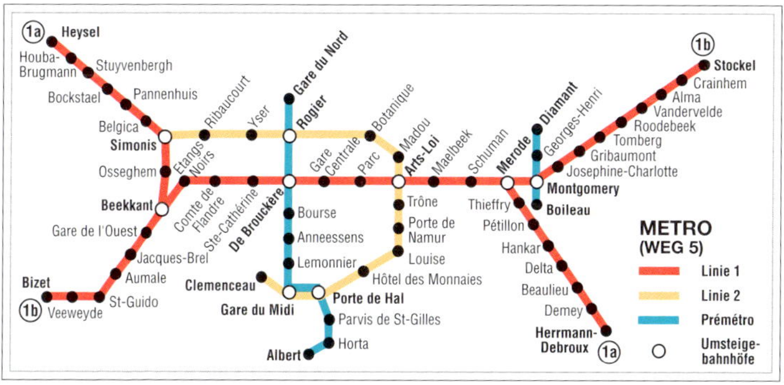

ches Gewölbe", das sich im Luftzug wie ein Segel leicht bläht.

Den Augenblick der Veränderung im Stadtraum festzuhalten und ihn mit ***Metrorama 78* ins Bewußtsein zu rücken, gelang Jean-Paul Laenen in dem raumumspannenden Fotopanorama auf der Station **Aumale.**

Maurice Wijckaert fand für die Station **Jacques-Brel** keine Inspiration bei der melancholischen Ikone des französischen Chansons. Im Widerstreit von Abstraktem und Figurativem fliegen farbige Wölkchen über der Landschaft. Zerplatzte Luftballons scheinen geräuschlos an denen vorbeizuschweben, die der gemalten Aufforderung „Coming up for Air" über die Aufgänge ins Freie streben. Die gläserne *„Compositie"*, könnte als zeitgenössische Verfremdung eines gotischen Buntglasfensters interpretiert werden. Guy Vanbranden entwarf sie für die **Gare de L'Ouest.** Warum eine Métrostation **Etangs Noirs** – Schwarze Weiher – genannt wird, obgleich es in dieser Gegend keine Teiche gibt, beschäftigte Jan Burssens. Er bemalte eine Mauer mit einem Wassserfall, der beim Anfahren der Métro scheinbar in leichte Bewegung gerät.

5

Seite 65

Auf der Station **Comte de Flandre,** deren Gestaltung Paul Van Hoeydonck anvertraut wurde, fliegen unter dem Titel *„16x Ikarus"* aus Gips und Bronze geformte Gliederpuppen durch den weiten Raum.

Am Bahnhof **De Brouckère** steigt man für einen Abstecher in die Tram 55, 81 oder 90 zur Station **Bourse** um. Gekrümmte, bewegliche Stahlzylinder des Objektkünstlers Pol Bury hängen als ***„Moving Ceiling"* von der Decke. Nostalgische Erinnerung ruft Paul Delvaux wach, der über den Gleisen der Straßenbahntrasse noch einmal die realistische Wiedergabe der grünen Tram 1335 aus dem Depot von Woluwe rollen läßt. Rätsel gibt dagegen der bildhafte Text ***„Sept Ecritures"* auf, mit dem sich Pierre Alechinsky auf dem Métrobahnhof **Anneessens** verewigt hat.

Von dort geht es zurück zur Métrostation **De Brouckère** und mit der Linie 1 b in Richtung Station Herrmann-Debroux. Das Mosaik *„La Ville"* gestaltete Roger Dudant für den Bahnsteigzugang der Station **Parc.** Seine Zeichen der modernen Stadt sind offene Baugruben, hochgezogene, noch unverputzte Mauern und leere Baugerüste. Marc Mendelsons ***„Happy Metro to you"* sorgt mit Knubbelmännchen am Eingang desselben Bahnhofs für Heiterkeit im grauen Alltag.

Als Roger Raveel den Métrobahnhof **Merode** besuchte, kam ihm die Idee zu dem 14 m langen Ölgemälde ***„Ensor: Vive la Sociale"*. Der Künstler, der 1968 an der vierten Kasseler Documenta teilgenommen hatte, bezieht sich auf den von James Ensor 1887 gemalten „Einzug Christi in Brüssel" (Jean Paul Getty-Museum, Malibu/USA). Unter dem Banner mit der Aufschrift „Vive la Sociale" läßt Ensor einen Aufzug von Fratzengesichtern vorbeiziehen. Hinter einer Musikkapelle wird Jesus gehuldigt, in dem Ensor einen sozialrevolutionären Retter der Menscheit sah. Raveel malte sich selbst an der Staffelei sitzend, umgeben von Menschen, die gesichtslosen Marionetten gleichen. Unter ihnen Adam und Eva mit dem Baum der Erkenntnis. Eingesetzte Spiegelflächen lassen den Betrachter zu einem Teil dieses Bildes werden.

Für die Endstation **Herrmann-Debroux** schuf Rik Poot ***„Ode aan een Bergrivier"*, einen Reiter aus Bronze, der sein scheuendes Pferd bändigt. Diese Skulptur erinnert an die ausgerotteten Parther, Skythen, Mongolen und Zigeuner und Minderheiten, die bis in die Gegenwart Opfer von Diskriminierung und Rassismus werden.

Einem modernen Christophorus gleicht auf dem anderen Bahnsteig der auf den Zehen stehende und vom Fliegen träumende *„Aviateur"*, den Roel d'Haese modellierte.

Weg 6

Verspielter Jugendstil

***Hôtel Solvay – *Hôtel Max Hallet – *Rue de Belle Vue – *Avenue Général-de-Gaulle – *Rue de la Vallée – *Rue du Lac**

Daß es sich im Grünen einfach besser lebt als in der dicht bebauten Innenstadt wußten begüterte Brüssler schon vor mehr als hundert Jahren. Sie sicherten sich die schönsten Bauplätze um die Etangs d'Ixelles und ließen sich von den besten Architekten ihrer Zeit repräsentative Domizile entwerfen. Eine begehrte Wohn- und Büroadresse ist die Gegend hier im Süden der Metropole mit ihren beispielhaften Jugendstilbauten noch heute.

Dezente Pastelltöne für die Innenräume, Transparenz zwischen Drinnen und Draußen durch großflächige Hufeisenfenster und florale Zutaten in Fresken und in Buntglas sind charakteristisch für den um 1900 entstandenen Art nouveau, der wesentlich durch den Architekten Victor Horta geprägt wurde. Ein anderer Stararchitekt des Jugendstils, Ernest Blérot, fügte eigene Ideen hinzu. Seine Markenzeichen sind neben floralen Friesen und Blumenbouquets aus Buntglas abwechslungsreiche Fassaden mit farbig glasiertem Stein und die markante Anlage dreieckiger Erker.

An den Verschnörkelungen der Türrahmen und Balkongitter, an glockigen Fensterumrahmungen und runden Erkern in der Beletage erkennt man die Handschrift der Gebrüder Delune.

Für einen Vor- oder Nachmittag an den Teichen von Ixelles verläßt man das Zentrum auf der **Avenue Louise.** Wer nicht über diese Prachtstraße mit ihren

Die Métrostation Bizet wurde von Tone Brulin gestaltet

Treppengeländer im Wohnhaus des Architekten Victor Horta

Léon Delune entwarf das Atelierhaus an der Rue du Lac Nr. 6

6
Seite 69

Linien à la Horta

Mit der Straßenbahn (Tram 81, 82, 93, 94) geht es in Richtung St-Gilles, wo wie im benachbarten Ixelles Sgraffiti mit aufgehender Sonne, säendem Landmann und krähendem Hahn oder einem mit Blattwerk durchzogenen Gitter aus Schmiedeeisen und weiche Fensterschwünge vom Ideenreichtum des belgischen Jugendstils zeugen. Im ehemaligen Wohnhaus und Atelier, heute **** Musée Horta** (22/23, rue Americaine), des damaligen Stararchitekten Victor Horta (1861–1947) ist der schier unerschöpfliche Formenreichtum des Art nouveau zu besichtigen: Das Treppengeländer aus hellem Holz und blankpoliertem Messing gleicht einem feingliedrigen Rankenwerk. Die herrliche Buntglaskuppel ähnelt mehr einer transparenten Blütendolde als einer architektonischen Konstruktion. Und schließlich sind da noch im Treppenhaus die pastellgelbgrünen Fenster, die in Form und Farbe manchen Besucher aus dem In- und Ausland an die zarten Flügel von Schwebfliegen erinnern (☎ 5 37 16 92; ⌚ Di–So 14–17.30 Uhr).

6
Seite 69

Geschäften der Haute Couture bummeln will, nimmt die Staßenbahn bis zum **Rond Point de l'Etoile.**

Gleich zu Beginn dieses Weges fällt der Blick auf die beiden von Victor Horta entworfenen Wohnhäuser auf. Das ***Hôtel Solvay ㉜** (224, av. Louise) gestaltete er 1894 für den Mäzen und Industriellen Ernest Solvay. Streng proportioniert ist nahe dem Jardin du Roi das ***Hôtel Max Hallet ㉝** (346, av. Louise) aus hellem Kalkstein. Blindfensterflächen aus Sandstein, ein durchlaufender Balkon mit Bogendekor und das Spiel verschiedener Fenstergrößen geben der Fassade einen recht eigenwilligen Charme.

Dort, wo das Gelände von der *Avenue Louise* abfällt und die Maelbeek entspringt, liegt die Klosteranlage der **Abbaye de la Cambre ㉞**, die schon als Baumwollfabrik und Armenhaus herhalten mußte, ehe ab 1926 das *Institut Supérieur des Arts Décoratifs de l'Etat* die Klosterräume bezog. Gründer und zeitweiliger Leiter dieser bis heute bestehenden Kunstakademie war der Designer, Maler und Architekt Henry van de Velde. Nicht nur in seiner Brüsseler Zeit (1893–1900 und 1926–1947) war er der wohl wichtigste Schöpfer ästhetisch-funktionaler Inneneinrichtungen.

An klösterliches Lebens im Tal der Maelbeek erinnert heute nur noch die 1927 wieder geweihte gotische *Eglise Notre-Dame de la Cambre.* In nördliche Richtung erstrecken sich die beiden Teiche von Ixelles.

In der **Rue de la Monastière** plustert sich an der Fassade des Hauses Nr. 42–44 ein Fasan als verblassendes Sgraffito auf, während im Nebenhaus die florale Glaskomposition des Aufgangs zum Blickfang wird. Um die Ecke hat Ernest Blérot (1870–1957) in der ***Rue de Belle Vue** aus seinen Stadthäusern Nr. 42–44 schroffe Dreieckserker hervortreten lassen. Fenster und Türen der Gebäude aus rot und gelb glasiertem Backstein sind mit weißem Kalkstein gefaßt. Schwungvolle Blindbögen mit ornamentalen Blumendekors sind ein weiterer Fassadenschmuck. Am Ende der ansteigenden Straße erreicht man die *Avenue Louise* und den **Jardin du Roi.** Am Rand dieses Parks ringen unverdrossen zwei kräftige Männer des Bildhauers Charles Van der Stappen (1843–1910), schaut Léopold II. hoch zu Roß in die Ferne. Unterhalb der Parkanlage folgt die ***Avenue Général-de-Gaulle** den Windungen der Etangs d'Ixelles. Das asymmetrische Doppelhaus (Nr. 38/39) aus Sandstein stammt ebenfalls von Blérot. Ernest Delune (1859–1947) wurde zwischen 1902 und 1907 mit der Gestaltung der Häuser Nr. 2–32 an der benachbarten ***Rue de la Vallée** beauftragt. Vor- und zurückspringende Fassaden wurden aus Granit, Sandstein und weißglasierten Ziegeln errichtet. Bauchige, rechteckige und dreieckige Erker wechseln ab. Schmiedeeiserne Balkongitter mit geometrisch stilisierten Blumen zieren Balkone und Terrassen. Und das hufeisenförmige Fenster des Hauses Nr. 32 ist mit Buntglas geschmückt.

Nur einen Steinwurf entfernt ließ Bruder Léon Delune (1862–1941) beim Bau des Atelierhauses (Nr. 6) in der *** Rue du Lac** seiner Kreativität freien Lauf. Angeregt durch die Mondphasen gestaltete er Fenster- und Türsegmente. Großmutters Standuhr mit Pendel ähnelt das über zwei Etagen reichende Fenster unterhalb des vollständig verglasten Ateliers im Obergeschoß.

Weg 6
- 32 Hôtel Solvay
- 33 Hôtel Max Hallet
- 34 Abbaye de la Cambre

Weg 7
- 35 Institut National de Radio-Diffusion
- 36 Val de la Cambre 1–27
- 37 Palais de la Folle Chanson
- 38 Université Libre de Bruxelles
- 39 Cimetière d'Ixelles

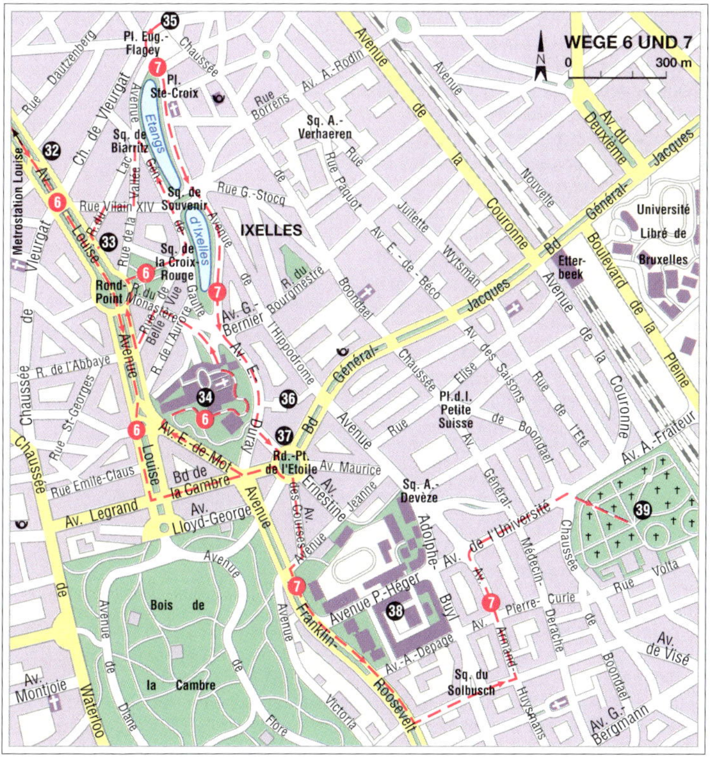

6
Seite 69

Weg 7

Luxusdampfer über den Teichen von Ixelles

***Institut National de Radio-Diffusion – *Val de la Cambre – *Palais de la Folle Chanson – *Université Libre de Bruxelles – *Cimetière d'Ixelles**

In reizvollem Kontrast zu den Blütenträumen der Art-nouveau-Künstler stehen die strengen Formen der nächsten Generation, die dem Kubismus verpflichtet war. Die Architekten der 20er und 30er Jahre verzichteten auf ornamentales Beiwerk und schufen auch Wohnanlagen für Normalsterbliche. Selbst Friedhöfe wie der von Ixelles laden zu einem Streifzug durch Brüssels Kunstgeschichte ein. Der mehrstündige Spaziergang durch den östlichen Teil der Gemeinde Ixelles läßt sich mit Weg 6 kombinieren.

7

Seite 69

Nördlich der Etangs d'Ixelles schmückt sich das ***Institut National de Radio-Diffusion** ㉟ mit einem herausragenden Architekturdenkmal der 30er Jahre, das deutlich die Handschrift von Joseph Diongre (1878–1963) trägt. Einem mondänen Luxusdampfer mit stufigem Rundturm und umlaufenden Fensterbändern gleich schiebt sich das 1933 bis 1939 erbaute Funkhaus auf das Tal der Maelbeek zu. Bis 1875 schlängelte sich dieses kleine Flüßchen, das im Süden an der *Abbaye de la Cambre* (S. 68) entspringt, ungehindert nach *St-Josse-ten-Noode* im Norden.

Um neuen Baugrund zu schaffen, wurde es teilweise unter die Erde verbannt. Erhalten blieben lediglich die nach der Aufstauung der Maelbeek entstandenen Teiche von Ixelles, wo heute Angler unter schattigen Trauerweiden die Rute auswerfen.

Entlang dem Ostufer erreicht man den beschaulichen mit Efeu begrünten Wohnhof ***Val de la Cambre** ㊱. Diese Wohnanlage (Nr. 1–27) wurde 1926 nach einem Entwurf von Adrien Blomme (1878–1940), dem auch das Cinéma Métropole und die backsteinerne Brasserie Wielemans-Ceuppens unweit der Gare du Midi zu verdanken sind, gebaut.

Direkt am **Rond Point de l'Etoile** entstand 1925 im Stil des Art déco und nach Ideen von Antoine Courtens (1899–1969), der an zahlreichen Projekten des sozialen Wohnungsbaus in Marseille maßgeblich gestalterisch beteiligt war, das Appartementhaus **Palais de la Folle Chanson* ㊲. Courtens spielte bei diesem abgerundeten Eckgebäude auch mit den strengen Linien des aufgesetzten Stufengiebels. Reizvoll gemaserte Hölzer und glänzender schwarzer Marmor kleiden die Eingangshalle aus.

Der Blick über den kleinen Platz mit seinen strahlenförmig abgehenden Straßen hinweg, bleibt an den Fassaden des *Palais du Congound* und der *Résidence Ernestine* hängen, deren aufgesetzte, kantige Bündelpfeiler gotischem Himmelsstreben gleichzukommen scheinen.

Der Freimaurer Pierre Théodor Verhaegen gründete 1854 die sozialpolitisch ausgerichtete **Université Libre de Bruxelles* ㊳. Die Hauptgebäude wurden in den 20er Jahren im Stil der flämischen Neorenaissance und des Brabanter Neobarock gestaltet. Sie fügen sich harmonisch in die teilweise moderne, vor allem aber hochherrschafliche Villenarchitektur an der **Avenue Franklin-Roosevelt** ein, deren Anlage im Zuge der Internationalen Bauausstellung von 1910 entstand.

Damals hatte sich Henry van de Velde von der englischen Landhausarchitektur abgewandt, der er noch beim Entwurf zu seinem eigenen Wohnhaus „Bloemenwerf" (1895) gefolgt war. Das *Doppelhaus* (Nr. 28/29) an der Avenue

Franklin-Roosevelt aus dunkelrotem Ziegeln ruht auf einem Sockel aus weißen Quadern. Betrachtet man den Baukörper, so scheint es, als habe der Architekt verschieden große Schachteln übereinandergesetzt und nach vorne und nach hinten verschoben. Eine ganz besondere Spannung erzielte Adrien Blomme mit dem *Wohn-* und *Geschäftshaus* an der Ecke Avenue Franklin-Roosevelt/Avenue Antoine-Depage. Vor- und zurückfallende Segmente eines Oktogons mit schmalem Fensterband im Obergeschoß sind mit einem flachbauchigem Erker versehen.

Am **Square du Solbosch** müssen Schiffsaufbauten mit weißer Reling beim Entwurf Pate gestanden haben. Rund um den zweiten Campus der Freien Universität Brüssel nordwestlich des Square du Solbosch prägen braunrote und gelbe Ziegelfassaden, die von schmalen, vertikalen Fensterbändern spiegelbildlich geteilt sind, das Straßenbild.

Unweit dieses Campus liegt der ***Cimetière d'Ixelles** ㊴. Neben dem Bildhauer Felix Boure (1831–1883), dessen monumentale Plastiken das Palais de Justice zieren, fand der für seine überdimensionalen Allegorien ziemlich bekannte Maler Antoine Joseph Wiertz (1806–1865) auf diesem Friedhof seinen ewigen Schlaf. Der Bildhauer Constantin Meunier (1831–1905), der auch in Ixelles bestattet ist, fertigte als Schmuck für das Grabmal des Komponisten Eugène Ysaye (1858–1928) dessen Bronzebüste an. Über die ewige Ruhe des Schriftstellers Charles de Coster (1827–1879) wacht, aus Stein gehauen, sein lebenslustiger Romanheld „Till Eulenspiegel“. Für die Grabstelle des Industriellen Ernest Solvay (1838–1922), der mit seinen Soda- und Ammoniakwerken weltweit Erfolg hatte, entwarf Victor Horta einen welligen Sarkophag aus rotem Granit. Sich selbst ließ der Jugendstilarchitekt und Baron in einem sehr schlichten Sarkophag aus Waschbeton bestatten (🕓 tgl. 9–17 Uhr; 🚌 71, 95, 96).

Architekturdenkmal: Institut National de Radio-Diffusion

Jugendstil in der Rue Vilain XIV

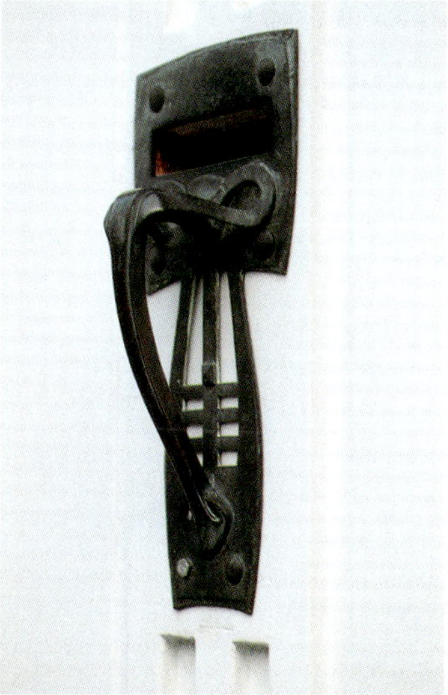

Türgriff, gesehen im vornehmen Wohnviertel Ixelles

7

Seite 69

Weg 8

Prunk und Dekadenz

**** Hôtel van Eetvelde – ** Maison St-Cyr – Parc Cinquantenaire – ** Musée du Cinquantenaire – * Autoworld – ** Maison Cauchie**

Wie sich Glanz und Selbstdarstellung der Epochen doch unterscheiden: Galten für das Bürgertum um die Jahrhundertwende hochherrschaftliche, reich verzierte Wohnhäuser und großzügige Ateliers als Statussymbol, ließ etwa gleichzeitig Lépold II. nur bauen, um die eigene Macht und Herrlichkeit zu demonstrieren, so ziehen sich die Eurokraten scheu hinter gläserne Fassaden zurück. Ein Eindruck, der sich beim Besuch der herausragenden Museen im Parc du Cinquantenaire vertiefen läßt.

Einst sammelte man kostbare Kunstschätze aus aller Welt, heute huldigt man da schon eher dem fahrbaren Untersatz!

Rund um den **Square Ambiorix** sind Bauten des Architekten Armand van Waesberghe zu bewundern, der nur von 1896 bis 1902 seine Ideen verwirklichen durfte. Aus der Verbindung gotischer Vertikalität und asymmetrischer Fassadengliederung schuf er die *Maison Square Gutenberg Nr. 8*. Der sehr schmale Eingang mit geschwungener Türeinfassung aus bläulichem Kalkstein und übergroßem, schlüssellochförmigem Oberlicht über der Tür sowie drei aufgesetzte Dachgauben mit Spitzdach unterstreichen das Streben in die Höhe. Ein breiter Erker mit Spangenfenster und ein Hufeisenfenster im Untergeschoß verweigern jede Regelmäßigkeit.

Der Gartenarchitekt Gédéon Bordiau legte 1875 im flachen Tal der Maelbeek den **Square Marie-Louise** mit einem kleinen See, künstlichen Felsen und Grotten an, wo einige Lachmöwen zu Hause sind. Zwischen diesem Platz und dem Square Ambiorix ließ Victor Horta zwischen 1895 und 1897 das **** Hôtel van Eetvelde ㊵** an der *Avenue Palmerston* erbauen, ein Musterbeispiel für die eitle Selbstdarstellung des wohlhabenden Bürgertums. Auftraggeber war der Generalsekretär für Auslandsangelegenheiten des Unabhängigen Kongostaats, der liberal gesonnene Baron Van Eetvelde (1852–1925), ein Freund König Léopolds II. Dieser mondäne Bau läßt Hortas Einfallsreichtum und Formenvielfalt in allen Facetten erkennen: spangenförmige Oberlichter, Flügelornamente in flachen Blindnischen über den Fenstern, ein über alle Etagen geführter Dreieckserker, schlanke, eiserne Säulchen als schmückende Konstruktionselemente und florale Kringel als Dekor zwischen den Etagen.

Die Innenräume sind mit Edelhölzern aus Zentralafrika ausgekleidet. Hortas gestalterische Ideen flossen auch in das *** Hôtel Deprez-van de Velde ㊶** auf der gegenüberliegenden Straßenseite ein. Georges Deprez, vermögender Direktor der angesehenen Glasfabrik Val Saint-Lambert, nahm sich hier seinen Zweitwohnsitz. Durch Umbau im Jahr 1910 gingen wesentliche Stilelemente des Art nouveau verloren. Unverändert sind nur der Erker mit wallender Balustrade, die flachbogigen Rahmen der Fensteröffnungen und die an Kiemen erinnerenden Belüftungsöffnungen darüber.

Hinter der graziösen, weißen Fassade der nur vier Meter breiten **** Maison St-Cyr ㊷** am Nordrand des Square Ambiorix lebte zu Beginn dieses Jahrhunderts der erfolgreiche Maler Georges de Saint-Cyr. 1903 beauftragte er den Architekten Gustave Strauven, einst Zeichner im Atelier Horta, mit dem Bau seines Wohnhauses. Konkave und konvexe Formen der Balkongitter und Fensterrahmen wechseln von Etage zu Etage.

8
Seite 73

Der Square Ambiorix ist eine formale, französische Parkanlage mit niedrigen Buchsbaumhecken, kaskadenartig angelegten Wasserbassins und Springbrunnen. Das Rund des Platzes zieren Skulpturen bedeutender Bildhauer wie Constantin Meunier und Jef Lambeaux.

Südlich des Square Ambiorix steht das **Berlaymont** ㊸, ein gläsernen Palast für die Eurokraten mit mehr als 3000 Fenstern, dessen Sitzungssäle aber dennoch ausschließlich mit künstlichem Licht erhellt werden müssen. Der sternenförmige Komplex, der zwischen 1963 und 1969 hochgezogen wurde, scheint eher der Welt eines Franz Kafka oder Samuel Beckett anzugehören. In den nächsten Jahren bleibt der Bau wegen Asbestsanierung hinter einer Plastikplane verborgen.

Für den Jetset der 20er Jahre konzipierte der Architekt Michel Polak den **Résidence Palace** ㊹ in der *Rue de la Loi*. Ursprünglich war er als ein luxuriöses Appartementhaus gedacht.

Den Bewohnern sollte der anspruchsvolle Service eines Fünfsterneetablissements geboten werden. Heute sind hier Büros untergebracht. Ägyptische Fresken im hauseigenen Schwimmbad

Am Square Ambiorix: Wohnhaus des Malers Georges de Saint-Cyr

- ㊵ Hôtel van Eetvelde
- ㊶ Hôtel Deprez-van de Velde
- ㊷ Maison St-Cyr
- ㊸ Berlaymont
- ㊹ Résidence Palace
- ㊺ Musée du Cinquantenaire
- ㊻ Musée Royal de l'Armée et d'Histoire Militaire
- ㊼ Autoworld

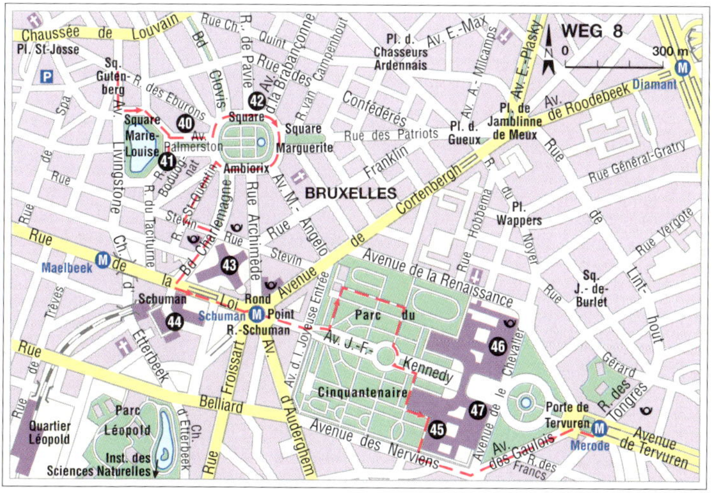

8
Seite 73

künden von Badekultur, marmorne Treppenaufgänge mit schmiedeeisernen Handläufen von kühler Gediegenheit.

Der nahe **Parc Léopold,** über den das Internationale Kongreßzentrum und Europäische Parlament lange Schatten legen, ist zwar auf den ersten Blick kein Jurassic Parc, dennoch gibt es Dinosaurier. Zwischen 1892 und 1913 entstand in dieser grünen Oase dank der Beharrlichkeit des Industriellen Ernest Solvay und der Unterstützung des Bürgermeisters Charles Buls ein Wissenschaftsforum. Zu ihm gehören das ehemalige *Institut de Sociologie* (1902–1904) und das von Michel Polak als griechischer Tempel der Moderne entworfene *Institut Dentaire George-Eastman* (1934–1935), das der kostenlosen zahnmedizinischen Versorgung von Kindern diente. Das Geheimnis der 125 Mio. Jahre alten Iguanodons löst sich hinter den Mauern des ***Musée de l'Institut Royal des Sciences naturelles de Belgique,** das 1876 gegründet wurde (◷ Mo–Sa 9.30–16.45, Di bis 18 Uhr). Vor dem Eingang des Turmgebäudes, an dessen Fassade Käfer emporkrabbeln, begrüßt ein Dinosaurier den Besucher, dem beim Gang durch die Säle weitere Urechsen begegnen: so der Tilosaurus, ein Vorfahre des auch heute noch existierenden, bis zu 4 m langen, auf dem Land lebenden Komodo-Warans.

Der **Parc du Cinquantenaire** wurde 1880, fünfzig Jahre nach der belgischen Unabhängigkeit, mit baum- und heckenbestandenen Kieswegen angelegt. Auf ausdrücklichen Wunsch des Königs Léopold II. wurde zu Beginn dieses Jahrhunderts ein prächtiges Triumphtor mit Bronzequadriga errichtet. Das Brandenburger Tor in Berlin, aber auch der Pariser Arc de Triomphe könnten dafür Pate gestanden haben. An den Mosaiken „Die Verherrlichung Belgiens" wirkten zahlreiche Künstler mit, so auch Jef Lambeaux. Von ihm stammt das Relief „Menschliche Leidenschaften" am Horta-Pavillon, ebenfalls im Park, das wegen seiner Anstößigkeit lange nicht und auch heute nur einmal im Monat (am zweiten Sonntag) gezeigt wird. Rund um den Triumphbogen feiert Brüssel alljährlich Ende April sein Hauptstadtfest. Dann steigen nicht nur Tausende von bunten Luftballons in den Himmel über dem „Jubelpark", sondern auch traditionelle Stocktänze finden ein begeistertes Publikum. Tanzend ziehen die von starken Männern getragenen Figuren wie „Maibaumriesen" und die „Dickköpfe von Laeken" an den Zuschauern vorbei, die duftendes Mandelgebäck und Brüsseler Waffeln verzehren.

Im ****Musée du Cinquantenaire** ㊺, das Kunst aus aller Welt vom Mittelalter bis Art déco zeigt, unternimmt man in wenigen Stunden eine weltumspannende Zeitreise: Vorbei an römischen Mosaiken aus Apamea (Syrien) und einer Tonurne in Gestalt eines Schildkrötenmannes aus der Zapotekenkultur in Mexiko, verweilt man vor dem Bildteppich „Die Geschichte des Jacob" (S. 24) und der riesigen Steinstatue Poi hakanononga von der fernen Osterinsel (◷ Di–Fr 9.30–17, Sa/So 10–17 Uhr; zeitweilige Schließung von Abteilungen wegen Personalmangels möglich; Ⓜ Merode).

Die glänzende Rüstung Philipps II. aus dem 16. Jh. und ein Kampfhubschauber des Typs Alouette gehören zur waffenstarrenden Sammlung des neoklassizistischen **Musée Royal de l'Armée et d'Histoire Militaire** ㊻. Der Besuch ist nur Militaria-Liebhabern zu empfehlen, die über dem Anblick blitzender Degen und ziselierter Handfeuerwaffen die Opfer dieser Kriegsgeräte vergessen.

Bemerkenswert ist immerhin, daß sich die Sammlung großer Beliebtheit beim Publikum erfreut (◷ Di–So 9–12, 13–16.30 Uhr).

Dem goldenen Kalb der modernen Fortbewegung, dem Auto, ist das gleichfalls im Parc du Cinquantenaire gelegene Museum ***Autoworld** ㊼ gewidmet. Über 500 Oldtimer warten blankgeputzt auf

8
Seite 73

die Besucher, und manch einer betrachtet mit verklärten Augen die edlen Karossen von Alfa Romeo, Horch und Maybach. Aber auch gängige Modelle wie Ford T 4 oder Kultautos wie das „häßliche Entlein", den 2 CV, oder den unverwüstlichen VW-Käfer (tgl. 10–17 Uhr, 1. April bis 30. Sept. 10–18 Uhr) finden hier ihren Platz.

Das Triumphtor im Parc du Cinquantenaire

Meister des begrenzten Raums

Während Stararchitekt Victor Horta die Eitelkeiten des Großbürgertums bediente, kümmerte sich der bis dahin unbekannte Gustav Strauven (1878 bis 1919), der zeitweilig als technischer Zeichner für Horta arbeitete, um die Wohnbedürfnisse des Mittelstandes. Da dessen Finanzkraft begrenzt waren, blieben edle Materialien wie Messing, Marmor, Eben- und Rosenholz und aufwendig gefertigte, schmiedeeiserne Gitter für seine Auftraggeber meist unerschwinglich. Auch Granit und Sandstein waren für die Bebauung der schmalen, 3 mal 6 m großen Grundstücke zu teuer. So blieben nur roter Backstein und farbige, glasierte Ziegel als preiswerte Materialien. Trotz der einfachen Mittel, die Strauven zur Verfügung standen, schuf er unverwechselbare Meisterwerke des Art nouveau.

Ein kurzen Spaziergang beginnt an der Maison St-Cyr (S. 72) am Nordrand des *Square Ambiorix* (63). Mit viel Sinn für feine Details entstand dieser viergeschossige Bau mit schmiedeeiserner Bekrönung. Wie Fühler ragen zwei Stelen aus der runden Balkonöffnung der obersten Etage. Vielleicht hat Strauven bei diesem Element an die Vorderansicht eines Schneckenkopfes gedacht. Auf schlanken, gußeisernen Trägern ruht der Balkon des ersten Stocks. Das zierliche Balkongitter gleicht rankendem Efeu.

Nördlich des benachbarten Square Marguerite verläuft die *Rue Van Campenhout*. In der Fassade von Haus Nr. 51, das Gebäude fällt durch sein herrliches Buntglasfenster, das einen farbenprächtigen Glasvogel im Oberlicht der Tür zeigt, auf. Über einem blaugrauen Sockel erhebt sich die weiße Backsteinfassade des Hauses Nr. 10. Im Bleiglasfenster der Eingangstür begrüßt ein Vogel die aufgehende Sonne. Ein paar Straßen weiter nach Nordwesten kommt man auf dem *Boulevard Clovis* zur Maison Van Dyck (Nr. 85–87). Die in den Farben Weiß und Rot gehaltene Fassade wird auf der linken Seite von einem spitzen Dreiecksgiebel abgeschlossen, der von einem steinernen Baldachin überwölbt ist, wodurch die Betonung der Vertikalen entsteht.

Über die nördlich gelegene Rue Charles-Quint erreicht man das nur 3,75 m breite Eckhaus an der *Rue Luther/Rue Calvin*. Kurzzeitig lebte Gustave Strauven hier, schien aber mit seinem Entwurf wenig zufrieden gewesen zu sein. Ein Jahr nach der Fertigstellung plante er 1903 den Abriß, der jedoch nicht ausgeführt wurde. Ins Auge springt der hufeisenförmige Eingang mit dahinterliegender Terrasse. Gelbe und blaue Ziegel der Fassade bilden eine harmonische Einheit mit dem Dunkelrot der Holzrahmen.

8
Seite 73

Woran denkt die geheimnisvolle Sphinx?

Die Familie Wolfers, Gold- und Silberschmiede aus Delft, eröffneten 1850 in Brüssel ein Atelier für Gold- und Silberwaren. Mit Philippe Wolfers (1858 bis 1928), einem sehr angesehenen Goldschmied, Bildhauer und Glaskünstler, erlangte das Unternehmen in der Rue d'Arenberg 11–13, unweit der Galeries Royales St-Hubert, sein weit über die Landesgrenzen reichendes Renommee. Das Juweliergeschäft mit seiner eleganten Inneneinrichtung aus dunklem Mahagoni, von Victor Horta 1912 entworfen, mußte 1974 der Kreditbank weichen. Dank der finanziellen Hilfe des Geldinstituts blieben das Mobiliar und die wertvolle Silberwaren- sowie Elfenbeinsammlung vollständig erhalten. Sie sind seit 1977 in der Kunstgewerbeabteilung (Saal 50) des Musée du Cinquantenaire untergebracht.

Philippe Wolfers und sein Bruder Marcel standen mit ihren Entwürfen der silbernen Teekannen, Schalen und sechseckigen Schmuckkästlein anfänglich noch in der Tradition des französischen Neorokoko. Zu ihren wohl schönsten Arbeiten gehört eine bauchige Kanne mit dem Titel „De Stroper" („Der Wilderer"). Verziert ist sie mit Blattranken sowie einem Knaben, auf dessen Schulter ein flügelspreizender Falke sitzt. Die Vorliebe für Pflanzen- und Tiermotive verrät eine aus Elfenbein, Silber und Emaille gefertigte rechteckige Schatulle. Auf ihr reckt ein Pfau stolz seinen Hals. Abbild zerbrechlicher weiblicher Anmut ist Philippe Wolfers Elfenbeinplastik „Das erste Juwel".

Im rekonstruierten Atelier Wolfers sind auch Arbeiten bekannter Zeitgenossen zu sehen. Von Henry van de Velde stammt ein schöner, floraler Silberkandelaber, von Julien Dillens (1849–1904) ein selbstzufrieden lächelnder Faun aus Terrakotta. Für die von König Léopold II. angeregte Weltausstellung 1897 in Tervuren, die auf den an Rohstoffen reiche Kongo aufmerksam machen sollte, entwarf Charles Van der Stappen (1843–1910) aus Silber und Elfenbein seine allegorische Mädchenbüste „Geheimnisvolle Sphinx" in Gestalt einer versunken blickenden Minerva mit Goldhelm. Mit der erhobenen Hand verschließt sie ihre Lippen. Der Betrachter fragt sich unwillkürlich, woran die schöne Holde wohl gerade denkt.

8

Seite 73

Außerhalb des Parks, am Anfang der *Rue des Francs,* steht die wunderschöne **** Maison Cauchie.** Der an der Akademie der Schönen Künste in Brüssel ausgebildete Maler und Innenarchitekt Paul Cauchie (1875–1952) entwarf sein Wohnhaus selbst. Dank massiver Proteste gegen einen geplanten Abriß und aufgrund eines Königlichen Dekrets ist dieses Kleinod des Art nouveau seit 1975 denkmalgeschützt. Für die 15 m² große Sgraffito-Dekoration ließ sich Cauchie durch die griechische Mythologie anregen. In der ersten Etage erblickt man eine als Karyatide gestaltete Muse, die ein Spruchband mit der Aufschrift „Par nous, pour nous" („Durch uns, für uns") über ihr Haupt hält. Dies ist als Cauchies Hinweis auf die eigene Kreativität zu verstehen. Flache, eiserne Profilrohre und -platten der weißen Balkonbalustraden bilden wie die schlanken Eisensäulchen vor dem zurückgesetzten Eingang einen reizvollen Kontrast zu den engelhaften Frauengestalten des in strahlenden Goldtönen gehaltenen Sgraffito (5, rue des Francs, ☏ 6 73 15 06 oder 7 33 86 84; ⏲ erstes Wochenende im Monat 11–18 Uhr).

Am Anfang der Rue des Francs steht die wunderschöne Maison Cauchie

PAR NOUS
POUR NOUS

Weg 9

Besuch bei Erasmus von Rotterdam

***Eglise Sts-Pierre-et-Guidon – *Maison d'Erasme – *Musée du Béguinage -**

Bereits vor der belgischen Unabhängigkeit zog es Scharen von Dichtern und Denkern nach Brüssel, so auch den Philosophen und Humanisten Erasmus von Rotterdam, der im Verlauf einiger Jahre immer mal wieder Gast eines Augustinerdomherrn war. Mit spitzer Feder schrieb er im 15. Jh. gegen Intoleranz, Fanatismus und Kriegstreiber. Seine Schriften sind noch immer hochaktuell!

Als sich Erasmus im damals dörflichen Anderlecht nahe der Wallfahrtskirche Sts-Pierre-et-Guidon und dem lieblichen Beginenhof niederließ, konnte noch niemand ahnen, daß einmal unweit von hier die Mannschaft des Königlichen Sportklubs von Anderlecht, im Stade Emile-Versé um europäische Trophäen und Meisterschaftsschalen kicken würde.

Beim kurzen Besuch der im Westen der Stadt gelegenen Gemeinde Anderlecht, 1047 erstmals urkundlich erwähnt und über Jahrhunderte ein schmuckes brabantisches Dorf, erinnert heute augenfällig nichts mehr an Römer und Franken, die hier zwischem dem 6. und 8. Jh. siedelten. Inzwischen ist Anderlecht, das sich beiderseits des Charleroi-Kanals ausbreitet, vor allem Industriegebiet. Der Schlachthof und der Zentralmarkt sind hier ebenso angesiedelt, wie, nahe der Gare du Midi, die Brauerei Cantillon, in das berühmte Geuze-Bier nach überlieferten Rezepten gebraut wird (S. 30).

Man erreicht das alte Zentrum von Anderlecht ganz schnell mit der Métro. Die kreisförmige Halle der Station **St-Guidon** wird vom Wandrelief „Wir leben" bedeckt. Frans Minnaert thematisiert mit Blumenmotiven auf Eisenpaneelen eindrucksvoll die Mysterien der Natur und deren vergeblichen Beherrschung durch den vernunftgeleiteten Homo sapiens.

An der **Place de la Vaillance,** wo jahrhundertelang derbe Bauern aus Brabant mit einfachem Handschlag Kauf und Verkauf stämmiger Ackergäule besiegelten, stehen rote Backsteinhäuser in ansprechender flämischer Neorenaissance.

Das gemütliche **Café Le Béguinage** an der Place de la Vaillance (Nr. 3) bittet zu Brüsseler Waffeln und hauchdünnen Eierkuchen mit heißer Schokolade und Chantilly.

Poesie und Aphorismen an Häuserwänden in der **Rue de Chapitre** hegen mit Voltaire Zweifel an menschlicher Zufriedenheit: „L'homme doit être content mais de quoi?" („Der Mensch sollte zufrieden sein, aber warum?")

Der französich-schweizerische Philosoph Jean-Jacques Rousseau (1712 bis 1778) sinniert am Beginn der *Rue Edmond-Deltourt* unweit der Maison d'Erasme über das menschliche Dasein: „Das Ziel des Lebens ist es zu leben. Vornehmste Aufgabe des Menschen ist die Ausbildung seines Geistes."

Die in Anderlecht ansässige Künstlervereinigung „Hypothearts" hat ein vorbildliches Projekt ins Leben gerufen, deren Ziel es ist, sich auf intellektuelle Weise dem Alltag des prominenten Gastes ins Bewußtsein zu rückent.

Die Domherren des Augustinerordens und Stiftsherren der nahen Wallfahrtsstätte ***Eglise Sts-Pierre-et-Guidon** brachten aus ihren Reihen Papst Hadrian VI. (1459–1523) hervor, dessen Porträt über dem flämischen Kamin im „Raum der Rhetorik" des Erasmus-Hauses zu sehen ist.

9
Seite 79

Die Augustiner luden sich bekanntlich bedeutende Gelehrte zu scharfsinnigen Disputen nach Anderlecht ein, so den Geographen Geraard Mercator und den Philosophen und Humanisten Erasmus von Rotterdam. Dieser war zwischen 1517 und 1521 sogar mehrfach Gast im Haus der Domherren.

Den eleganten Renaissancebau der ***Maison d'Erasme** 48 in der Rue du Chapitre betritt man durch die Hof- und Gartenanlage. Zu den historisch wertvollen Schätzen des Hauses zählen neben seinen Schriften die Stiftungsurkunde „Akte der Herren von Aa und das Kapitel“ (1078). Diese Urkunde ist Beleg für die Förderung des im 9. Jh. in Anderlecht gegründeten Augustinerklosters durch die reichen Herren des Dorfes, die dem Kloster Teile ihrer Ländereien überließen. Kostbare, vergoldete Ledertapeten aus dem spanischen Córdoba mit Obstdekor schmücken das ehemalige Refektorium, in dem eine Pietà des flämischen Malers Hugo van der Goes (1440–1482) hängt, der als Laienbruder in der Abtei zum Roten Kloster in der Forêt de Soignes am nördlichen Rand des großen Waldgebietes im Südosten der Stadt lebte (Di–Do 10–12, 14–17 Uhr; M St-Guidon, Linie 1b Stockel-Bizet; Bus 47, 49).

Wie an anderen Orten Flanderns gab es in Anderlecht eine Béguinage, eine fromme Gemeinschaft lediger und verwitweter Frauen. Diese Beginen durften im Gegensatz zu den Regeln eines Nonnenordens jederzeit die Gemeinschaft verlassen, auch um zu heiraten. Ein Armutsgelübde war ihnen fremd. Durch harte Arbeit wie Wäschewaschen und Bleichen sowie durch das Unterrichten von Mädchen verdienten sie sich ihren Lebensunterhalt. Vom 13. Jh. bis zur Französischen Revolution lebten in Anderlecht jeweils acht Beginen mit ihrer Oberin, der Grande Dame, zusammen. Die Häuschen in der

Im Erasmus-Haus …

… werden wertvolle Handschriften gezeigt

48 Maison d'Erasme
49 Musée du Béguinage
50 Sts-Pierre-et-Guidon

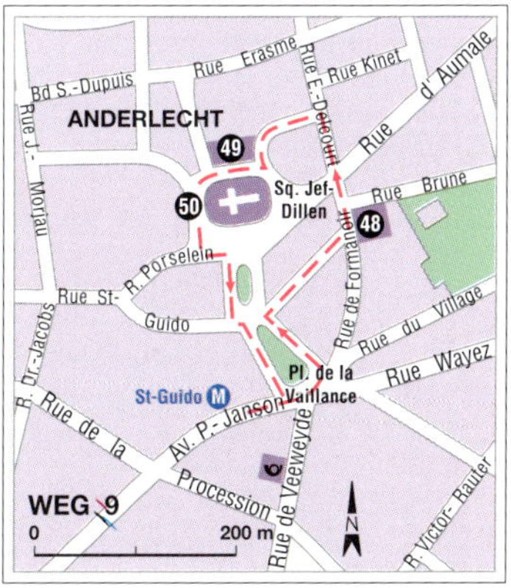

9
Seite 79

von Mauern umgebenen, verträumten Hofanlage sind in Fachwerk- und Lehmbauweise errichtet worden. Im ***Musée du Béguinage** ㊾ kann man sich ein Bild vom schlichten Leben der frommen Frauen machen (◷ Di bis Do 10–12, 14–17 Uhr; Ⓜ St-Guidon; Tram 56).

Dort, wo sich ein spitzer, erst 1878 vollendeter, gotischer Kirchturm himmelwärts reckt, wurde 1012 St-Guidon, der Schutzheilige der Pferde, in einer vom Baumeister Mathieu Keldermans erbauten Kapelle bestattet. Sie stand über einer Krypta aus dem 9. Jh., deren Pfeiler wiederum aus einer römischen Villa stammen.

Von nah und fern kamen große Scharen gläubiger Pilger nach Anderlecht, um sich von dort aus auf die beschwerliche Pilgerfahrt zum Grab des hl. Jakobus im fernen Santiago de Compostela (Spanien) zu begeben. Viele erbaten sich vom hl. Guido schnelle Heilung von allerlei Krankheiten und Gebrechen. Während der Pfingstprozessionen wurde die Kirche in andachtsvoller Haltung dreimal umrundet. Flämische Bauern auf schweren, scheuenden Gäulen mischten sich oftmals unter den Zug der Pilger. Um die ständig wachsende Schar der Gläubigen in der Kirche auch aufnehmen zu können, entschloß sich das Kapitel von St-Guidon wahrscheinlich um 1400 zum Neubau einer damals der Mode entsprechenden hochgotischen Kirche in Form eines lateinischen Kreuzes mit drei großen Kirchenschiffen. Der Bau der ***Eglise Sts-Pierre-et-Guidon** ㊿ geht auf das 15./16. Jh. zurück und weist deutlich spätgotische Stilelemente auf. Zu den Kunstschätzen gehören einige schöne Gemälde des Rubens-Schülers Gaspar de Craeyer. Natürlich strömen heute nicht mehr so viele gottesfürchtige Menschen wie zur Zeit einer verheerenden Tierseuche im Jahr 1776 zur Fürbitte in dieses Gotteshaus (◷ außer am Sonntagnachmittag und an kirchlichen Feiertagen tgl. 9–12, 14.30–18, im Winter bis 17 Uhr).

9

Seite 79

Weg 10

Beim König zu Hause

Brupark – *Atomium – **Serres Royales de Laeken – Château Royal de Laeken

Neugierige Hofberichterstattung in der Boulevardpresse kennen die Belgier nicht. Ein Blick in die königliche Residenz in Laeken bleibt der Öffentlichkeit verwehrt.

In jedem Frühjahr jedoch tut sich in der weiten Parkanlage im Norden der Stadt an der Grenze zur Provinz Flämisch-Brabant Ungewöhnliches. Besucher von nah und fern reihen sich geduldig in lange Schlangen ein, um zumindest einen Hauch königlichen Glanzes zu erleben. Nur für wenige Tage sind dann die Gewächshäuser mit Palmen und anderen tropischen Gewächsen unter gewaltigen Glaskuppeln fürs Volk geöffnet, das ganz nebenbei wenigstens einen flüchtigen Blick auf das nahe, gut bewachte Schloß werfen kann. Und da sich Albert II. und seine Familie nicht auf Small talk mit den Besuchern einläßt, bleibt noch genügend Zeit, um im nahen Brupark mit Brüssels Wahrzeichen, dem Atomium, vorbeizusehen.

Die Straßenbahn Nr. 18 von Uccle fährt quer durch die Stadt bis zur Avenue Houba de Strooper in Laeken. Unterwegs kommt man nördlich der **Gare du Midi** an der **Porte d'Anderlecht,** einem ehemaligen Zollhaus von 1834, vorbei. Auf dem *Boulevard Léopold* richtet sich der Blick auf die **Basilique Nationale du Sacre-Cœur de Koekelberg,** die 15 000 Gläubigen Platz bietet.

Nächste interessante Station der Sightseeing-Tour mit der Straßenbahn ist unweit der Métrostation **Belgica** das Wohnhaus (26, boulevard Belgique), in dem der belgische Chansonnier Jacques Brel (1929–1978) lebte. Vielleicht hatte er hier die Inspiration zu „Le Plat Pays". Allmählich nähert man sich dem nördlichen Stadtrand Brüssels. Im gleißendem Sonnenlicht, so sie scheint, funkeln die Kugeln des Atomiums. In dessen Nähe und gegenüber dem Stade du Heysel befindet sich die Endhaltestelle der Tram 18.

Mit Hang zum Kolossalen erbaute Joseph van Neck 1930 das *Stade du Heysel,* nun in **Stade Roi-Baudouin** ⓫ umbenannt, im sog. Mussolini-Stil. Seine postmoderne, rostrote Ummantelung mildert den martialischen Eindruck dieser Sportarena. Traurige Berühmtheit erlangte die Spielstätte der belgischen Nationalelf „Rote Teufel", bei einem Europacupspiel zwischen dem FC Liverpool und Juventus Turin. Am 29. Mai 1985 hatten sich auf den Stehplätzen fanatische Hooligans beider Klubs erbitterte Kämpfe geliefert. Als eine Tribüne einstürzte, brach unter

Eingangsbereich des Stade Roi-Baudouin

⓫ Stade Roi-Baudouin
⓬ Atomium
⓭ Serres Royales de Laeken
⓮ Château Royal de Laeken
⓯ Tour Japonaise
⓰ Pavillon Chinois

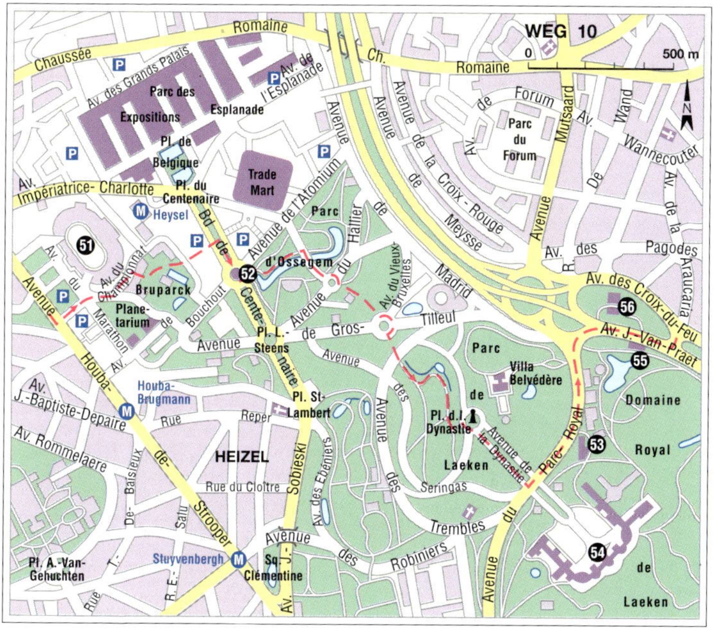

10
Seite 81

Zur ewigen Ruhe

Aufgrund eines Dekrets Kaiser Josephs II. wurde der **Friedhof von Laeken,** *Cimetière de Laeken* (Ⓜ Bockstael; Tram 81, 94) 1784 außerhalb der Stadt angelegt, heute ganz in der Nähe der königlichen Residenz am Nordrand von Brüssel.

Viele Entwürfe für die monumentalen Grabmale stammen aus dem Bildhaueratelier von Ernest Salu (1846–1923). Aber da gibt es auch andere namhafte Künstler, die für diesen Ort Aufträge annahmen. Schon zu seinen Lebzeiten ließ sich der Kaufmann Ferdinand Nicolay vom belgischen Bildhauer Karel August Fraikin (1817–1893) in Marmor meißeln. In Gelehrtenhaltung schaut er seit seinem Tod über den Friedhof.

Unscheinbar ist das Grab des größenwahnsinnig gewordenen Schöpfers des Palais de Justice, Joseph Poelaert, der sich 1879 das Leben nahm.

Der Bildhauer Albert Ernest Carrier-Belleuse (1824–1887), der an der Ausgestaltung der Brüsseler Börse und des Pariser Louvre beteiligt war, schuf für das Familiengrab Ghémar eine allegorische Figurengruppe mit drei Frauen, von denen die älteste die Erziehung verkörpert.

Ein Bronzeabguß von August Rodins berühmter Plastik „Der Denker" steht am nördlichen Eingangsportal.

Die wuchtige neogotische **Eglise Notre-Dame de Laeken,** die nach Plänen von Joseph Poelaert zwischen 1854 und 1908 entstand, ist seit dem frühen Tod von Louise-Marie de Orléans (1812–1850), der Gemahlin von König Léopold I., königliche Grabkirche. Hier ruhen die gekrönten Häupter Belgiens, aber auch der Gründer der Katholischen Arbeiterjugend Belgiens und ehemalige Vikar dieser Kirche, Kardinal Cardijn. Hinter dem Hauptaltar führen Stufen in die Königsgruft. Rund um den mit einer Königskrone verzierten Sandsteinsarkophag von Léopold I. und seiner Gemahlin sind kreisförmig schlichte Sarkophage ohne jeden Blumenschmuck angeordnet. Auch der im Volke sehr beliebte, 1993 plötzlich verstorbene König Baudouin, fand hier ewigen Frieden (🕓 So 14–17 Uhr, 17. Febr., 14–17 Uhr, 31. Juli 10–17 Uhr, 29. Aug., 25. Sept., 1. und 2. Nov. 10 bis 12, 15–17 Uhr, 15. Nov. 15–17 Uhr).

In der zweiten Hälfte des 19. Jhs. wurde auf Initiative des Bürgermeisters Jules Anspach in Brüssels Nordosten, in der Gemeinde Evere, ein idyllischer, 38 ha großer **Parkfriedhof** angelegt. Bildhauer und Architekten wie Guillaume Geefs und Victor Horta schufen schlichte Sarkophage und prächtige Mausoleen (Tram 55; 🚌 63, 67, 68).

Auf dem **Friedhof am Dieweg** im Stadtteil Uccle, auf dem nach einem Gemeindebeschluß seit 1958 wegen Überbelegung keine Bestattungen mehr stattfinden, durfte Hergé, der berühmte Vater des Comic-Helden Tintin, ausnahmsweise 1983 seine letzte Ruhe finden. Die Grabmalkultur ist hier überaus formenreich. Klassizistische Dreiecksgiebel über Säuleneingängen wechseln mit schlichten Obelisken. Rosenranken, Eulen und Mohn als Symbole von Hoffnung und Verzweiflung sind auf Grabsteine gemeißelt. Auch die Kröte als Symbol der sieben Plagen Ägyptens ist auf einigen Grabmälern zu finden.

Nachempfundene Gotik steht neben den schwungvollen Linien des von Victor Horta geschaffenen Grabmals für den Bankier Isaac Stern (1835–1895). Auch andere Mitglieder der israelitischen Gemeinde der Stadt, so Giacomo Errera (1834–1880), erster italienischer Gesandter im unabhängigen Belgien, wurden im vornehmen Uccle bestattet. (Tram 18; 🚌 41).

10

Seite 81

den Schlachtenbummlern Panik aus. 40 Menschen kamen dabei zu Tode.

Nur der berühmte Katzensprung ist es von hier zum Freizeitpark **Brupark,** der vor allem an Feiertagen und Wochenenden ein beliebtes Ausflugsziel für Familien mit Kindern ist. Mit Liebe zum Detail sind Alt-Brüsseler Gäßchen nachempfunden. Vor der malerischen Kulisse von Backsteinhäusern mit Treppen- und Glockengiebeln wird sonntags Dixie und New Orleans Jazz gespielt. Das durch die Musiker Chris Barber und Acker Bilk berühmt gewordene Stück „Ice Cream" darf selbstverständlich im Repertoire nicht fehlen. Während die Allerkleinsten mit einer Karussellfahrt und der Pizza zufrieden sind, überlegen die Erwachsenen, ob sie sich bei *Chez Léon* die *Casserolle de Moules* und ein *Gueuze-Bier* von Belle-Vue gönnen sollen. In *Mini-Europe* verkürzen sich Reisen zu weltbekannten europäischen Baudenkmälern auf wenige Minuten. Die Akropolis von Athen ist ebenso im Maßstab 1:25 nachgebaut wie der aus Marmor gefertigte Schiefe Turm von Pisa, die Grand' Place, Big Ben und der Eiffelturm, der hier 12 m hoch ist. Animationen sorgen auf Knopfdruck für die jeweils typische Atmosphäre.

Abkühlung in tropischer Umgebung verspricht das *Wellenbad Océade* mit einer 140 m langen Wasserrutsche, an der immer Andrang herrscht. Wem Opas Kino zu verstaubt vorkommt, sucht sich seinen Film in einem der 24 Säle des *Kinepolis* aus, einem Komplex der Superlative. Wer all den Verführungen des Brupark nachgibt, vergißt die Stunden! (Océade: ☎ 4 78 43 20; ⌚ Di–Do nur April bis Juni, außerhalb der Schulferien 14–22, Fr 14–23, Sa 10–23 Uhr, So, Fei, Schulferien 10–22 Uhr. Mini-Europe: ☎ 4 78 05 50; ⌚ Ende März bis Anf. Jan. 9.30/10–18, Juli/Aug. bis 20 Uhr. The Village: ☎ 4 77 03 77, Kinepolis:

Die königliche Grabkirche Notre-Dame de Laeken

Abkühlung und Spaß verspricht das Wellenbad Océade

Das Atomium stellt das überdimensionale Modell eines Eisenkristalls dar

10

Seite 81

☏ 4 78 04 50; Ⓜ Heysel; Tram 18; DeLijn L Gare du Nord–Londerzeel).

Den Parc des Expositions überragt das ***Atomium** ㊾, Brüssels Wahrzeichen, ein überdimensionales Modell eines Eisenkristalls. Die neun Kugeln stellen die Eisenatome, die Rohre die Bindungskräfte dar. Der Maßstab von 1:160 Mrd. bezieht sich auf die Abstände zwischen den Zentren der Atome.

Gigantisch sind die Ausmaße: 102 m hoch und 2400 t schwer. Ein Aufzug befördert 3000 Menschen in der Stunde und legt dabei bis zur Spitze des Kristalls 5 m/s zurück. Von hier reicht bei klarer Sicht der Blick bis zum Sint-Romboutstoren der Kathedrale von Mechelen und zu den Schlachtfeldern von Waterloo.

Im Innern finden wechselnde Ausstellungen statt. Comicfans allerdings könnten vom realen Atomium enttäuscht sein, denn der draufgängerische Rennfahrer Michel Vaillant flitzt in Wirklichkeit nicht im Stile eines Damon Hill um das Gebilde.

Auch der chaotische Botenjunge Gaston klettert nicht wagemutig am Atomium herum, um die Kugeln auf Hochglanz zu polieren. Solche und andere Geschichten können sich nur belgische Comiczeichner wie Franquin und Willy Vandersteen ausdenken.

Am Ende der vom Atomium aus leicht ansteigenden Straße wurde 1934 die Große Messehalle des **Parc des Expositions** als moderne Stufenpyramide gebaut.

Hinter den ausgedehnten Anlagen des nahen **Parc d'Osseghem** öffnen sich einmal im Jahr die Türen der ****Serres Royales de Laeken** ㊿. Alphonse Balat arbeitete an deren Verwirklichung in den Jahren 1870–1879 und 1885 bis 1892. König Léopold II. wollte hier, wie mit allen seinen Prachtbauten, dem damals eher provinziellen Brüssel die Weltoffenheit von Paris einhauchen. Trotz der gewaltigen Ausmaße – die Rotunde des Wintergartens hat einen Durchmesser von 60 m und eine Höhe von 30 m gelang es Balat, den Gewächshäusern durch feingliedrige Konstruktion eine gewisse Leichtigkeit zu geben. Unter dem gewaltigen Kuppeldom, dessen Eisenkorsett mit Rosetten verziert ist, flaniert man an 44 Arten blühender Orangenbäume und riesigen Palmen aus Kalifornien vorbei. Seltene Orchideen und prächtige Kamelien wollen ausgiebig bewundert werden, doch ungeduldig wartet schon der nächste Besucher darauf, nähertreten zu können. Auf schmiedeeisernen Gittern und Türbeschlägen hat König Léopold II. bis in alle Ewigkeit sein spiegelbildliches Monogramm hinterlassen. Ein Besuch des Kongo-Hauses mit seinen Phönixpalmen, Zykadeen und gelbblühendem Hibiskus ersetzt beinahe eine Reise nach Afrika.

In der **Domaine Royale de Laeken** steht das zwischen 1781 und 1782 für den damaligen Statthalter der habsburgischen Niederlande errichtete **Château Royal de Laeken** 54, dessen Mittelbau von einer Minerva und den Allegorien auf Industrie und Handel geschmückt wird. Die gewaltige Schloßkuppel ist dem römischen Pantheon abgeschaut. Seit 1839 leben hier die belgischen Monarchen mit ihren Familien.

Nur die in der Königlichen Domäne von Laeken gelegene **Tour Japonaise** 55 und der **Pavillon Chinois** 56 können besichtigt werden. Angeregt durch die Pariser Weltausstellung im Jahr 1900 vergab wiederum Léopold II. an den Architekten Alexander Marcel den Auftrag für den Japanischen Turm (1901) und den Chinesischen Pavillon (1903). Die chinesische Gartenlaube und die Holzverkleidung des Pavillons wurden im fernen Schanghai hergestellt. Die geschnitzten Holztäfelungen und die verzierten Kupferplatten des Turmes kamen aus Yokohama. Seit der Schenkung im Jahr 1908 sind sie Eigentum des Staates und Teil des Musée du Cinquantenaire (🕓 Di–So 10–16.45 Uhr; Tram 19, 23, 32, 92; 🚌 53).

Kreuz und quer

Abseits der bekannten touristischen Pfade besitzt Brüssel eine Menge architektonischer Highlights unterschiedlichster Art, die alle mit Bus, Métro oder Straßenbahn bequem zu erreichen sind.

Nördlich der Grand' Place und unweit des Ilôt Sacré ist dieser Tempel der Muse mit seinem ionischen Säulenportal und dem überaus schönen Giebelrelief - dargestellt wird die Harmonie der menschlichen Leidenschaft - nicht zu übersehen.

In keinem anderen Land spielte ein Opernhaus, wie in diesem Fall das ***Théâtre Royale de la Monnaie** (Ⓜ De Brouckère), eine derart bedeutende Rolle im Kampf um die Unabhängigkeit. Am 25. August 1830 wurde die Oper „Die Stumme von Portici" von François Esprit Auber gegeben.

Obgleich die Zeiten nach dem Wiener Kongreß unruhig waren, hatte die niederländische Obrigkeit diese Aufführung nicht verboten, die pikanterweise den Aufstand neapolitanischer Fischer zum Thema hat.

Der französische Tenor La Feuillade schmetterte also an diesem Abend mit besonderer Intensität aber nicht nur „Amour sacré de la patrie ...", also „Oh du geliebtes, heiliges Vaterland", womit er seine ungeteilte Liebe zur Heimat unterstrich, und „Mein Leben schulde ich meinem Land, mit der Freiheit wird es mich lohnen". An diesem Augustabend fügte er noch ein flammendes „Zu den Waffen, Bürger!" hinzu, was das anwesende Publikum wörtlich nahm, auf die Straßen und Gassen der Altstadt stürmte und zum Kampf für ein freies Belgien aufrief.

Tagelang lieferten sich aufgebrachte Bürger mit den verhaßten niederländi-

Die große Messehalle im Parc des Expositions

Palastwache vor dem Königlichen Schloß in Laeken

Blumenpracht in den Gewächshäusern von Laeken

schen Truppen erbitterte Gefechte. Nach fünf Wochen endete die Revolution mit dem Sieg der Aufständischen. Am 4. Oktober 1830 wurde Belgiens Unabhängigkeitserklärung deklariert.

Noch ein paar Worte zur Baugeschichte der Oper: Sie steht an der Stelle wo ab dem frühen 15. Jh. im Auftrag der Herzöge von Brabant Münzen geprägt wurden. Seit dem 17. Jh. wird hier Theater gespielt. Das Publikum hatte ein Faible für Inszenierungen klassischer italienischer Opern.

Seit 1695 wird hier Musiktheater gespielt, mit kurzen Unterbrechungen für diverse Um- und Wiederaufbauten, zuletzt 1855/56, als nach einem Brand der Architekt Joseph Poelaert für das heutige Aussehen des nationalen Opernhauses sorgte. Waren im 19. Jh. Brüssels erfolgreiche französischsprachige Opernaufführungen Gesprächsthema sogar in Paris, so eroberte in den 80er Jahren des 20. Jhs. Intendant Gérard Mortier mit einem experimentierfreudigen Spielplan und prominenten Gästen der „Monnaie" einen Spitzenplatz unter den Opernhäusern der Welt. Seine Nachfolger, die 1991 antraten, halten seither das Niveau.

Mehr als vierhundert Opfer der Revolution von 1830 fanden ihre letzte Ruhestätte auf der **Place des Martyrs,** ein paar Straßenzüge weiter nach Norden, abseits der heute so belebten Rue Neuve. Noch im 17. Jh. trockneten Fahnenmacher ihre Stoffbahnen auf diesem Platz, der 1775 mit Gebäuden im Stil des Klassizismus umbaut wurde. Guillaume Geefs schuf zwischen 1838 und 1848 die monumentale „*Patrie*" aus weißem Marmor, die über die Krypta der Helden des belgischen Freiheitskampfs wacht.

An der Südseite des Platzes findet man das Standbild des Grafen Frédéric de Merode, der beim Schwur „Gewinnen oder sterben für die Freiheit" vor dem *Hôtel de Ville* stolz die Brabanter Fahne hochhält. Ein weiteres Denkmal erinnert an den Autor der belgischen Nationalhymne „Brabançonne". Nur einmal im Jahr, am Tag des Denkmals (Journée du Patrimoine) ist Mitte September die Krypta im Rahmen von Führungen zugänglich (Ⓜ De Brouckère, Rogier).

Westlich der Place des Martyrs bestand einst nach der Gründung der Gemeinschaft der Beginen (S. 79) im 13. Jh. ein Beginenhof, von dem keine Spuren erhalten sind. Nur der Platzname, *Place du Béguinage,* und die barocke Pracht der zwischen 1657 und 1667 erbauten ***Eglise St-Jean-Baptiste au Béguinage** erinnern bis heute an die frommen Frauen in ihren beigen Kutten (🕓 Di, Do–Sa 9–17, So 10–17 Uhr; Ⓜ De Brouckère; Tram 47, 71).

Wer durch die Sträßchen nahe dem Manneken Pis auf den *Boulevard Anspach* zuläuft, stößt auf eine der schönsten Kirchen Brüssels, die **Eglise Notre-Dame du Bon-Secours** in der *Rue Marché au charbon.* Der Kirchenbau in italoflämischem Renaissancestil wurde 1664 begonnen und 1694 beendet. Über dem Eingangsportal erblickt man das Kreuz des Deutschen Ritterordens im Wappenschild von Charles de Lorraine, der von 1741 bis 1780 Statthalter der habsburgischen Niederlande war.

Unter der Statue der Hl. Jungfrau Maria sind die Insignien der Wallfahrer auf dem Jakobsweg nach Santiago de Compostela zu entdecken: Wasserflasche, Pilgerstab und Hut. Der Innenraum gleicht einem dezenten Barocktempel über einem kreisrunden Grundriß. Nach Skizzen von Jan-Pieter van Bauerscheit (1669–1728), einem Bildhauer aus Antwerpen, wurde 1705 der Marmoraltar gefertigt. Seit dem Beginn des Marienkultes im 17. Jh. wird die kleine aus Eiche geschnitzte Vierge du Bon-Secours (14. Jh.) verehrt (🕓 tgl. 10–18 Uhr; Ⓜ Bourse; 🚌 48; Tram 55).

Markant und weithin sichtbar ist die im Art-déco-Stil gehaltene **Eglise St-Augustin,** die östlich des Parks von Forest auf einer Anhöhe steht. Rund um den Campanile mit seinem aufgesetzten Betonkreuz sind die übrigen Teile des Baukörpers gruppiert. Die Kirche ist eines der wichtigen Architekturdenkmäler aus der Zeit des Interbellum. Sie wurde 1936 als Betonskelettbau mit Ziegelverfüllungen konzipiert. Zur Zeit wird sie grundlegend restauriert (Place de l'Altidude Cent; Tram 55; 🚌 48, 54).

Mehr als 400 Opfer der Revolution fanden auf der Place des Martyrs ihre letzte Ruhestätte

Ein Monumentalbau ist die ***Basilique Nationale du Sacré-Cœur de Koekelberg** westlich des Stadtzentrums, die den Parc Elisabeth überragt. Kein geringerer als König Léopold II. wollte ein belgisches Panthéon erbauen und die Pariser Sacré-Cœur von Montmartre noch übertreffen.

Apsis und Chor dieser neobyzantinischen Basilika mit Art-déco-Zitaten in den geometrischen Strahlenkränzen der Türmchen wurden nach Plänen von Albert Van Huffel in der Zeit zwischen 1930 und 1935 errichtet. Huffels Tod erzwang neben dem immer mal wieder fehlenden Geld die zeitweilige Unterbrechung der Bautätigkeit auf dem Koekelberg.

Die Basilique Nationale du Sacré-Cœur de Koekelberg

Mit ihrer 90 m hohen Kuppel und dem mit gelbem Klinker ausgekleideten,

Ein Bankier schätzt die Kunst

In der beschaulichen Villengegend von Uccle lebte bis in die 70er Jahre der aus den Niederlanden stammende Kunstsammler und Bankier David van Buuren mit seiner Frau Alice, die ein offenes Haus für Künstler führten. Beide schätzten die stimmungsvollen Stilleben des Malers Gustave Van de Woestijne, einem Vertreter der Künstlerkolonie Sint-Martens-Latem, aber auch die Ausdrucksstärke von Constant Permeke in dessen düsterer „Nacht über dem Meer" (1913). Edle Materialien wie Labrador-Marmor, Eben- und Rosenholz schmücken das Innere der im Stil der „Amsterdamer Schule" aus dunkelrotem Ziegel erbauten Villa. Ein wunderschöner Buntglasleuchter spendet gedämpftes Licht für den knienden Bronzeknaben von George Minne im Treppenhaus des heutigen privaten **Musée David et Alice van Buuren** (41, avenue Errera, ☎ 3 43 48 51; 🕓 April bis Sept. So 13–18, Mo 14 bis 18 Uhr; Garten: 🕓 Juni bis Okt. tgl. 14.30–17 Uhr; Tram 23, 90).

grottengleichen Innenraum ist die erst 1970 vollendete Kirche die sakrale Antwort auf Poelaerts Palais de Justice (S. 64) auf dem Galgenberg. Die 4,5 m hohe Altarfigur Sacré-Cœur ist das Werk des belgischen Bildhauers George Minne (1866–1941). (1, parvis de la Basilique; 8–17 Uhr; Kuppel außer Nov. bis Febr. Mo–Fr 11–15 Uhr; M Simonis; Tram 19; 20.)

Wer sich für die Architektur des Jugendstils interessiert, aber nicht genug Zeit für all die herausragenden Bauten mitbringt, sollte zumindest durch die *** Rue Vanderschricken** nahe der Porte de Hal spazieren.

Unmittelbar südlich der Spitze des herzförmig angelegten Brüsseler Stadtkerns war der Architekt Ernest Blérot zwischen 1900 und 1903 für die abwechslungsreiche Gestaltung des geschlossenen Ensembles verantwortlich, das seit 1988 aufgrund seiner Einzigartigkeit unter Denkmalschutz steht.

Besondere Beachtung verdient das Eckgebäude Nr. 25, in dem sich ein Café befindet. Die architektonische Dynamik der gesamten Häuserzeile spiegelt sich in dessen drei Eingängen mit den nach hinten gerichteten Loggien und der Wendeltreppe in der Mitte des Cafés wieder.

Die Architektur des Raums wird durch eine kreisförmige, auf Eisensäulchen ruhende Galerie und eine Lichtkuppel aus Buntglas vervollkommnet. Das von außen sichtbare auffallend schöne Bleiglasfenster „Die Wasserträgerin" ist ein optischer Fixpunkt in der Straßenflucht (M Porte de Hal; Tram 23, 55, 90).

Das **** Hôtel Hannon** am Südostrand von St-Gilles ist das einzige noch existierende Jugendstilhaus von Jules Brunfaut (1852–1942).

Dieses luxuriöse Wohnhaus entstand 1903 für den Chemiker der Firma Solvay und Amateurfotografen Edouard Hannon und wird heute von einer Galerie, *Espace Photographique Contretype,* für experimentelle Fotografie genutzt.

Um die farbliche Monotonie der Sandsteinfassade zu durchbrechen, wurden Teile aus glasiertem Backstein errichtet. Ein symbolisches Relief mit einer Spinnerin, einem kleinen Hündchen und einer aufgehenden Sonne schmückt dieses repräsentative Eckgebäude ebenso, wie eine helle Doppeltür mit blaugelbem Buntglasfenster. Daneben setzte Brunfaut einen flachbauchigen Erker.

Die Innenausstattung versetzt wohl jeden Besucher in Begeisterung. Der Mosaikfußboden der Eingangshalle in dezenten Gelbabstufungen zeigt Farnwedel. Über der geschwungenen Treppe mit dem filigranen Geländer, das eine Rebranke darstellt, breitet sich ein Fresko von Paul-Albert Baudouin (1844–1931) aus. Engelhafte, weiß verschleierte Schönheiten scheinen zur blumengeschmückten Treppenhauskuppel zu schweben. Sehnsüchtig und schwermütig zugleich schaut eine anmutige Schöne vom Kreidefelsen über das bewegte Meer, während eine weiße Taube aus dem Gebüsch aufsteigt. (1, avenue de la Jonction; Di–So 13–18 Uhr; 15. Juli bis 15. Aug. geschl.; Tram 91, 92; 54.)

Der Bekanntschaft zwischen dem Wiener Architekten Josef Hofmann (1870 bis 1956) und dem belgischen Bankier Adolphe Stoclet ist das Gesamtkunstwerk des **** Palais Stoclet** an der *Avenue de Tervuren* zu verdanken.

Der streng geometrische und stufige Aufbau ist bei Baubeginn 1905 als Antwort und Abkehr vom spielerischen Jugendstil zu sehen. Nur die Verwendung teurer Materialien ist wie beim Art nouveau geblieben. Vergoldete Metalleisten fassen die inzwischen ergrauten Platten aus weißem Marmor ein. Auf dem obersten Absatz des Turmes stehen vier muskulöse Männerfiguren, die an den Dockarbeiter von Constantin Meunier erinnern (275, avenue de Tervuren; Tram 39, 44; M Montgomery).

Spritztouren ins Umland

Der Bankier Stoclet ließ sich sein Palais vom Wiener Architekten Josef Hofmann entwerfen

Die hügelige Umgebung Brüssels bietet reizvolle Ausflugsziele, die mit Bahn und Bus leicht zu erreichen sind. Zu Spaziergängen lädt die Forêt de Soignes ebenso ein, wie der lauschige Schloßpark rund um das Schloß von Gaasbeek. Der Klang afrikanischer Buschtrommeln ist in Tervuren längst verstummt, doch reiche Schätze der ehemaligen Kolonie Belgisch-Kongo, des heutigen Zaire, sind noch immer zu bewundern.

Gaasbeek

Im welligen Pajottenland im Westen der Stadt steht eine mittelalterliche Schloßburg, die 1388 als Vergeltung für den Meuchelmord am Brüsseler Schöffen Everardt Serclaes (S. 48) von Brüsseler Bürgern in Brand gesteckt wurde. Das ****Kasteel van Gaasbeek,** wie es heute zu sehen ist, entstand im wesentlichen im 15. Jh. Beeindruckend sind vor allem die prächtigen Wandteppiche: im Zimmer mit Erker hängt ein überwiegend in Blaugrünschattierungen gearbeiteter Teppich aus Tournai (16. Jh.) mit Szenen aus einem Zigeunerlager, im Zimmer des Ratsherren Schockart sind es zwei Brüsseler Arbeiten mit Episoden aus dem Leben Alexanders des Großen. Für einen Schloßrundgang mit einem anschließenden Spaziergang durch den Park sollte man sich schon einen halben Tag Zeit nehmen (Kasteelstraat 40, ☏ 02/5 32 43 71; 🕓 1. April bis 31. Okt. tgl. außer Mo und Fr 10–17 Uhr; Schloßgarten: 8–20 Uhr; 🚌 DeLijn LK ab Place Rouppe; Ⓜ Anneessens).

Im hügeligen Pajottenland steht das Kasteel van Gaasbeek

Plastik eines Holzschnitzers im Zentralafrikanischen Museum

Overijse

Auch ein kurzer Ausflug in das kleine, brabantische Städtchen Overijse, das südlich von Brüssel und unweit der Forêt de Soignes liegt, kann eine willkommene Abwechslung zur Stadtbesichtigung sein. Seit 1878 werden in Overijse, aber auch im benachbarten Hoeilaart, in zahlreichen Gewächshäusern feinste blaue und weiße Tafeltrauben kultiviert. Sorten mit so klangvollen Bezeichnungen wie „Léopold II" und „Royal" garantieren eine bekömmliche Süße. Geerntet werden sie zwischen Juni und November.

Das alljährliche Traubenfest begeht Overijse zwischen dem dritten und vierten Augustwochenende. Durch die Straßen ziehen dann geschmückte Wagen und die Riesen John Colman, Mieke Muscat und Pitje Royal, die Symbole erfolgreicher Traubensorten sind. Musikkapellen von nah und fern sorgen für gute Laune.

Im Mittelpunkt steht jedoch traditionell die Traubenausstellung, eine Leistungsschau der örtlichen Gartenbaubetriebe. Flup und Pip Luppens öffnen ihre Glashäuser und Weinkeller, verkaufen ab Anfang August im Glashaus gereifte Trauben, schenken weißen Traubensaft und in 18 Monaten gereiften Schaumwein aus eigener Herstellung aus (Brusselsesteenweg 538, ☏ 02/6 57 33 20; 🕓 tgl. außer So 8–18 Uhr).

Ohne beheizte Glashäuser könnten die wohlschmeckenden Trauben, die in den 50er Jahren für den Export nach England und Frankreich bestimmt waren, nicht geerntet werden. Erst bei Temperaturen von 20 °C beginnen die zarten Reben zu sprossen. Beheizt wurden die halbrunden Glashäuser anfänglich mit Torf, später mit Steinkohle und heute auch mit Solarenergie.

Wer fundierte Informationen über den Anbau und die Weiterverarbeitung der Trauben sucht, findet sie im *** Druivenmuseum,** das in dem schönen Patrizierhaus „Den Bonten Os" aus dem 17. Jh. untergebracht ist (🕓 1. April bis zum letzten Sonntag im Oktober Mo bis Fr 9–12, 13–16.30 Uhr, So 14–18 Uhr; 🚌 TEC EO, ab Gare Quartier-Léopold–Den Bonten Os, Overijse).

ℹ Dienst voor Toerisme,
Justus Lipsiusplein, B-3090 Overijse,
☏ (02) 6 87 64 23.

Tervuren

Am Rande der ausgedehnten Forêt de Soignes im Osten Brüssels wähnt sich der Besucher des **** Musée de l'Afrique Central** mitten im wilden Kongo.

Der Schöpfer des Petit Palais in Paris, Charles Girault, entwarf den schloßähnlichen, neoklassizistischen Museumsbau im Auftrag des „Kongokönigs" Léopold II., der nach Ferrtigstellung der Pläne offensichtlich keine Einwände gegen eine leicht veränderte Kopie des Charlottenburger Schlosses in Berlin geltend gemacht hat. Die Sammlung

Gemüse mit Karriere

Papaya des Pajottenlandes und brabanter Gold nennt man den Witloof oder Chicon. Hinter diesen Bezeichnungen verbirgt sich nicht nur das Hauptanbaugebiet in der Provinz Flämisch-Brabant, die Brüssel von allen Seiten umschließt, sondern auch die besondere Bedeutung des herbbitteren Gemüses Chicorée für den großflächigen Anbau in Belgien. Abgepackt in Plastikfolie und mit einer Banderole versehen, wird dieses Gemüse jenseits der Grenze vermarktet.

Witloof ist ein zweijährige Pflanze, die eine Wachtums- und eine Fortpflanzungsphase aufweist. Im ersten Jahr entwickeln sich Blätter und Wurzeln, im zweiten bilden sich nach der Blüte Samen heraus, die im folgenden Jahr wieder ausgesät werden. Bei der Ernte werden im August/September die

des Museums thematisiert die Kolonisation inklusive der Christianisierung des afrikanischen Kontinents am Beispiel der Kolonie Belgisch-Kongo.

Chicorée, Witloof, Chicon

Die afrikanischen Masken, von denen sich schon die Künstler Braque und Picasso gefangennehmen ließen, gehören auch zu den faszinierenden Ausstellungsstücken: hier die weißen, unverzierten Masken der Frauen des Songye-Volkes, dort ein Nkisi Nkondi (Yombe), ein Nagelfetisch, der tödliche Krankheiten abwenden soll. (Leuvensesteenweg 13, B-3080 Tervuren, ☏ 02/ 7 69 52 11; 🕓 16. Okt. bis 15. März Di–So 10–16.30 Uhr, 16. März bis 15. Okt. 9–17.30 Uhr; Tram 44.)

Das Musée de l'Afrique Central in Tervuren

Wer einen Vor- oder Nachmittag im Museum mit einem Spaziergang verbinden möchte, kann vom Museum aus durch die fast 5000 ha große *** Forêt de Soignes** laufen. Als grüner Saum legt sie sich im Osten und Süden um die belgische Metropole. In dem als Kapuzinerwald, *Kapucijnbos*, bekannten Teil

Pflanzenwurzeln aus der Erde geholt, einige Tage auf dem Feld getrocknet und anschließend in dunklen Kellergewölben bei gleichmäßiger Temperatur und hoher Luftfeuchtigkeit kultiviert. Aus den Wurzeln entstehen so die eßbaren Sprossen.

Diese Entwicklung gelang Schaerbeeker Gemüsebauern zu Beginn dieses Jahrhunderts.

Heute leben mehr als 3000 landwirtschaftliche Betriebe in der näheren und weiteren Umgebung Brüssels von dem kleinen, spitzen Gemüse. Zigtausend Tonnen werden jährlich geerntet. Ein Drittel der Gesamtproduktion wird ausgeführt, wobei sich vor allem Deutschland zu einem Großabnehmer entwickelt hat.

Das Standardgericht schlechthin ist „Witloof met Ham en Kaassaus", Chicorée in Kochschinken gerollt und mit Käsesauce überbacken. Doch auch Chicon-Sushi bereichern die belgische Küche. Dabei wird das Gemüse halbiert und mit Essig, Salz, gerösteten Sesamsamen und Zucker gewürzt. Eine Hälfte wird mit Avocado und Krabben, die andere mit Gurken und rotem Kaviar gefüllt. Beide werden dann mit Streifen von Seetang zusammengebunden. Als kleine Leckerei ist auch Gänselebermousse oder Lachsmousse in Chicoréeblättern zu empfehlen.

Unterdessen gelang es den findigen heimischen Gemüsebauern, auch rötlichweißen Chicon zu züchten. Mit dem neuen Produkt wollte man einfach auf dem Markt auffallen. Mittlerweile behaupten sich auch französische und niederländische Gemüsebauern recht erfolgreich im Exportgeschäft dieses Gemüses.

wurde zwischen 1902 und 1920 ein Arboretum angelegt. Entlang des sog. Königsweges stehen Balsampappeln neben Sitkafichten aus Alaska. Schuppenblättrige Nootka-Scheinzypressen und Westamerikanische Schierlingstannen teilen sich dieses Fleckchen Erde mit riesigen Kalifornischen Mammutbäumen.

Botanischer Garten

Da die Königlichen Gewächshäuser (S. 84) in Laeken nur einmal im Jahr ihre Pracht öffentlich zur Schau stellen, ist der *** Nationale Plantentuin van Belgie** in Meise, nördlich von Brüssel in der Provinz Flämisch-Brabant, mit seinen tropischen und subtropischen Gewächshäusern sowie großen Freiflächen rund um das *Kasteel van Bouchout* ein kleiner Geheimtip für Liebhaber von lilafarbenen Wasserhyazinthen, gelben Venusschönchen, rosa Salomonszeptern sowie tiefroten Passionsblumen. Blaureiher, Brandgänse und Reiherenten tummeln sich an den Teichen des weitläufigen Parks, in dem auch Riesenzypressen und chinesische Tulpenbäume wachsen.

Im Kasteel van Bouchout, dessen ältester Teil aus dem 12. Jh. stammt, verbrachte Prinzessin Charlotte von Belgien (1841–1927) ihre letzten Lebensjahre. Die Tochter Léopolds I. wurde an der Seite ihres Mannes Maximilian I. 1864 zur Kaiserin von Mexiko gekrönt, verließ das Land aber nach seiner Hinrichtung drei Jahre später. Nach ihrer Rückkehr versank sie in Wahnsinn und lebte noch 60 Jahre auf Schloß Bouchout. Mit diesem Tagesausflug kommen Stadtmüde und Blumenliebhaber in dieser herrlichen Umgebung auf ihre Kosten.

B-1860 Meise, ☎ (02) 2 70 15 67;
🕓 Park: Mo–Sa 9–17.30, So 9–18 Uhr. Fruticetum, Herbetum, Coniferetum, Plantenpaleis (Gewächshäuser) und Geneeskrachtige Planten (Heilpflanzen): nur Sa 13–16.30, So 13–18 Uhr; 🚌 DeLijn L Gare du Nord–Meise).

Praktische Hinweise von A–Z

Ärztliche Versorgung

Belgien Deutschland und Österreich haben ein Sozialversicherungsabkommen abgeschlossen, das die ambulante sowie stationäre ärztliche und zahnärztliche Versorgung gewährleistet. Die Kosten für Behandlung und Arzneien sind zunächst selbst zu tragen. Es empfiehlt sich daher, eine zusätzliche private Reisekrankenvericherung abzuschließen.

Diplomatische Vertretungen

Deutsche Botschaft: 190, avenue de Tervuren, B-1150 Bruxelles,
☎ 7 74 19 11, FAX 7 72 36 92.
Österreichische Botschaft: 47, rue de l'Abbaye, B-1050 Bruxelles,
☎ 6 49 91 70, FAX 6 40 98 27.
Botschaft der Schweiz: 26, rue de la Loi, B-1040 Bruxelles, ☎ 2 85 43 50, FAX 2 30 37 81.

Einreise

Dank des Europäischen Binnenmarktes gibt es an der Grenze für EU-Bürger so gut wie keine Paßkontrollen mehr. Einen noch mindestens 3 Monate gültigen Reisepaß oder Personalausweis sollte man dennoch mitführen. Kinder müssen im Reisepaß der Eltern eingetragen sein.

Fahrplanauskunft

Fahrplan- und Tarifauskünfte über die Züge der SNCB/NMBS bekommt man an Informationsschaltern der Bahnhöfe Gare Centrale, Gare du Midi und Gare du Nord. Telefonische Auskünfte: ☎ 2 03 36 40 (auf Französisch) oder 2 03 28 48 (auf Niederländisch).

Feiertage

Neujahr (1. Jan.), Ostermontag, Tag der Arbeit (1. Mai), Christi Himmelfahrt, Pfingstmontag, Nationalfeiertag (21. Juli), Mariä Himmelfahrt (15. Aug.), Allerheiligen (1. Nov.), Waffenstillstandstag 1918 (11. Nov.), 1. Weihnachtsfeiertag (25. Dez.)

Geld und Währung

Der Belgische Franc (BEF) entspricht etwa 0,05 DM (Stand: November 1996). Es sind Münzen zu 50, 20, 5 und 1 Franc im Umlauf. Zudem gibt es Banknoten im Wert von 100, 200, 500, 1000, 2000 und 10 000 BEF.

Reise- und Eurocheques, letztere bis zu einer Höhe von 7000 BEF, sind neben Kreditkarten wie VISA und Eurocard in vielen Geschäften, in Hotels und Restaurants anerkannte Zahlungsmittel.

Allerdings behalten sich Restaurants vor, Kreditkarten erst ab einer Rechnung über 1000 BEF zu akzeptieren.

Information

Aktuelle Informationen zum Kulturleben in Brüssel erhält man bereits vor Reiseantritt in Deutschland: *Belgisches Verkehrsamt,* Berliner Allee 47, D-40212 Düsseldorf, ☎ (02 11) 86 48 40, FAX 13 42 85.

In Österreich wendet man sich an die: Tourismus-Werbung Flandern/Brüssel, Mariahilferstraße 121 b, A-1060 Wien, ☎ (01) 5 96 06 60, FAX 5 96 06 95.

An der Grand' Place befindet sich im rechten Flügel des Rathauses (Hôtel de Ville) das Fremdenverkehrs- und Informationsamt (TIB, ☎ 5 13 89 40, FAX 5 14 45 38). Hier kann man Konzert- und Theaterkarten bestellen, sich nach aktuellen Ausstellungen und Festivals erkundigen, kostenlose Programmzeitschriften wie „Deze Week in Brussel" erhalten und zahlreiche Broschüren kaufen.

Wen es bei seinem Besuch in die Umgebung Brüssels zieht, wendet sich an die Maison du Tourisme (63, rue du Marché aux Herbes, B-1000 Bruxelles, ☎ 5 04 03 90, FAX 5 04 02 70) mit den beiden regionalen Tourismusorganisationen Toerisme Vlaanderen (Flandern) und Office de Promotion du Tourisme Wallonie-Bruxelles (Wallonien).

Kriminalität

Wachsende soziale Probleme sind auch in Brüssel Ursache für steigende Kriminalität, vor allem für Diebstahl und Raub mit Gewaltanwendung. Wer sich jedoch wie in seiner eigenen Stadt mit Verstand durch Brüssel bewegt, bei Gedränge besondere Vorsicht walten läßt, unbelebte Orte meidet und nicht mit einer prallen Geldbörse öffentlich protzt, sollte den Aufenthalt problemlos genießen können.

Für die Sicherheit in der Stadt sorgen, vor allem abends und am Wochenende, Fußstreifen der Polizei. Auch in der Métro patroullieren Streifenbeamte.

Öffnungszeiten

Im allgemeinen sind die Geschäfte montags bis samstags von 9.30 bis 18 bzw. 19 Uhr geöffnet. Kaufhäuser schließen freitags um 20 bzw. 21 Uhr. In einigen Geschäften kann man auch nachts einkaufen.

Post

Öffnungszeiten von 9 bis 17.30 Uhr, montags bis 18 Uhr. Die Post Centre Monnaie für Briefpost ist Mo–Fr von 8–9 und 18–20 Uhr, am Sa von 8–9 und 12–20 Uhr geöffnet.

Tarife: Briefe und Postkarten (bis 20 g) 34 BEF, innerhalb Belgiens 16 BEF.

Sightseeing

Von den zahlreichen Organisationen, die Stadtrundfahrten und Rundgänge anbieten, sind Brukselbinnenstebuiten und ARAU zu empfehlen. *ARAU* (55, boulevard A.-Max, B-1000 Bruxelles, ☎ 2 19 33 45, FAX 2 19 86 75) ist ein gemeinnütziger Verein Brüsseler Bürger, der sich für den Erhalt des architektonischen Erbes der Stadt einsetzt.

Ebenso kritisch setzt sich *Brukselbinnenstebuiten* (16, rue du Vieux Marché aux Grains, B-1000 Bruxelles, ☏ 5 11 78 83; Di 13–18, Mi 12–17, Fr 10–13 Uhr) mit der aktuellen Stadtentwicklung auseinander.

Eine Gruppe von Kunsthistorikern, die sich zu *ARCADIA* (58, rue Henri-Wafelaerts, B-1060 Bruxelles, ☏ 5 34 38 19; Mo, Di, Fr 14–17 Uhr) zusammengefunden haben, bieten Sonntagsspaziergänge in Deutsch an.

Auf dem Programm stehen u. a. spezielle Themen der Stadtarchitektur oder der bildenden Kunst.

Telefonieren

Wenn man sich bei einem Ferngespräch nicht mit dem Einwerfen von Münzen im Wert von 5 und 20 BEF herumplagen möchte, kauft man an einem Zeitungskiosk oder bei Belgacom eine Telecard für 200 BEF (20 Einheiten) oder 1000 BEF (105 Einheiten).

Vorwahlnummern
Deutschland: ☏ 00 49.
Österreich: ☏ 00 43.
Schweiz: ☏ 00 41.
Belgien: ☏ 00 32.
Brüssel: ☏ 02.

Telefonauskunft
national: ☏ 12 07.
international: ☏ 12 04.

Wichtige Telefonnummern
Feuerwehr: ☏ 1 00.
Gendarmerie/Polizei: ☏ 1 01.
Krankenhäuser:
VUB, ☏ 4 77 51 00;
Erasme, ☏ 5 26 34 02.
Notarzt: ☏ 4 79 18 18 oder 6 48 80 00.
Unfall: ☏ 1 12.
Zahnarzt-Notdienst: ☏ 4 26 10 26 oder 4 28 58 88.

Trinkgeld

In Restaurants und Hotels sind Service und Mehrwertsteuer im Preis inbegriffen. Wer mit der Leistung zufrieden ist, sollte zusätzlich ein Trinkgeld geben. Die Benutzung von Toiletten in noblen Restaurants kostet 10 BEF (0,50 DM). Dafür wird die Sauberkeit laufend kontrolliert.

Auch die Gepäckträger auf den Bahnhöfen verlangen für ihre Dienste je Gepäckstück 30 BEF (1,50 DM).

Visit Brussels Tourist Passport

Mit dem Touristenpaß erwirbt man für 220 BEF nicht nur eine Tageskarte für Tram, Bus und Métro, sondern auch ein Heft mit Coupons für den verbilligten Eintritt bei Führungen im Hôtel de Ville, im Atomium, im Kinepolis auf dem Plateau Heysel, in Autoworld, in der Crypte de Cathédrale des Sts-Michel-et-Ste-Gudule, im Musée Horta und beim Besuch weiterer Sehenswürdigkeiten. Verkauft wird dieser Touristenpaß beim TIB (S. 93).

Zeitungen und Zeitschriften

Einzige deutschsprachige Tageszeitung Belgiens ist das in Eupen redigierte „Grenzecho“, das in Brüssel nur selten an Kiosken zu finden ist. Neben den niederländischen Zeitungen Belgiens – darunter der eher linksliberale „De Morgen“ und der erzkonservative „De Standaard“ – gibt es französische Blätter wie den unabhängigen „Le Soir“ und die konservativ-katholische „La Libre Belgique“.

Zoll

Auch nach der Unterzeichnung der Maastrichter Verträge und des Schengener Abkommens gelten Beschränkungen für die Ausfuhr von Tabakwaren und Alkohol. Wer vom Zoll mit deutlich mehr als 800 Zigaretten, 400 Zigarillos, 200 Zigarren, 10 l Spirituosen, 90 l Wein und 110 l Bier angehalten wird, muß nachweisen, daß er mit den eingeführten Waren keine Geschäfte betreibt. Für zusätzlichen Kraftstoff in Kanistern muß Zoll bezahlt werden.

Register

Orts- und Sachregister

Umgebung Brüssels

Personenregister

Bildnachweis

Alle Fotos Ingeborg Knigge außer APA Publications/George Taylor: 7/2, 19/3, 29/1–2, 39/2, 43/1, 61/3, 67/2, 79/1–2; Archiv für Kunst und Geschichte, Berlin: 13, 15/1–2, 17/2, 21/1, 25; Ferdinand Dupuis-Panther: 17/1; Herbert Hartmann: 11/3, 17/3, 19/4, 23/3, 31/1, 33, 41/1, 45/1, 47/1–2, 49/1–2, 55/1–2, 63/3, 83/1+3; Volkmar Janicke: 47/3, 59/1–2, 61/2; Süddeutscher Verlag-Bilderdienst: 21/3; Ullstein Bilderdienst/Berlin-Press: 15/3; Pictor: Umschlag (Bild); Superbild/Bernd Ducke: Umschlag (Flagge).